共生式创业

良性共生的高端服务业创业新模式

吉登高◎著

中国商业出版社

图书在版编目（CIP）数据

共生式创业：良性共生的高端服务业创业新模式 / 吉登高著. -- 北京：中国商业出版社, 2024.3
ISBN 978-7-5208-2875-8

Ⅰ.①共… Ⅱ.①吉… Ⅲ.①服务业—经济发展—研究—中国 Ⅳ.①F726.9

中国国家版本馆CIP数据核字(2024)第055373号

责任编辑：郑　静
策划编辑：刘万庆

中国商业出版社出版发行
（www.zgsycb.com　100053　北京广安门内报国寺1号）
总编室：010-63180647　　编辑室：010-83118925
发行部：010-83120835/8286
新华书店经销
香河县宏润印刷有限公司印刷

*

710毫米×1000毫米　16开　15印张　190千字
2024年3月第1版　2024年3月第1次印刷
定价：68.00元

****

（如有印装质量问题可更换）

推荐序

一切价值交付皆会变为服务

（一）

说客英语在2012年尚处于概念阶段，如今已成为全国知名的品牌。创始人吉登高先生（本书作者）及其团队，从一开始就坚定地从培育一种革新性的商业模式入手，即基于S2B2C（Supplier to Business to Customer，供应商—企业—消费者）的共生模式。这一模式的核心并不仅仅局限于其商业模式或技术细节，比如创新的S2B2C模式——尽管它本身就是一个极具创造性的亮点，更重要的是，它植根于"共生"这一基本的世界观和企业文化。随着2013年说客英语的正式上线，共生式创业随着公司的发展正在逐渐走向成熟。

如今，经过10年的持续发展与优化，说客英语基于"良性共生"理念的商业模式，不仅成功验证了自身，还在吉登高先生及其团队的引领下不断进化，成为在线教育行业中首家也是唯一一家成功应用此模式的企业。值得称道的是，他们没有依赖大规模的资金投入，而是通过精心优化商业模式流程来实现这一成就。这不仅彰显了吉登高先生及其团队在商业模式创新上的实战经验，也证明了说客英语和青豆教育在这一模式下的持续增长。10年的发展历程，足以昭示这一商业模式的成功和可持续性。

（二）

硬件、软件、服务和共生式生态系统这四大要素与人的结合，构成了未来商业模式的基石。企业应依靠这些要素的独特组合，来打造自己的产品和服务阵容。这正是我们未来设计创新服务模式的方向。

硬件和软件可以做到标准化，唯独服务才是体现共生、利他、普惠等理念并提供商业"温度"的关键，也是企业差异化的新动力。

在中国，有大量的中小企业，其生存之道就在于这种差异化和独特性。本书专门为这些创业者打造，讲述了无数中小企业怎样从服务行业的大潮中获得与社会共赢的利润。现在，产品的利润已经微薄，这些企业正在数字化和服务化的新浪潮中寻求突破。本书就是讨论这些企业如何在竞争激烈的市场中找到自己的一片天，因为共生的理念不单是创业和经营发展的价值观，更是寻求创业成功和企业进步的方法论。

（三）

对于同质化竞争和千军万马挤独木桥式的竞争，要始终保持警惕。吉登高先生一直坚持认为："只要可以轻易替代、拼得你死我活，那就是发展战略出问题了。"战略基于企业理念，追求利润与追求为社会创造更多价值的企业，两者之间的战略可能完全不同。而在今天，能够逃离价格战竞争的企业不多，处于持续增值通道中的企业极少。在企业圈之中，大规模的模式雷同带来的后果，就是谁也活不好。在吉登高先生的眼中，面对千变万化的市场环境，最佳的商业模式设计，就是以服务为先导，实现与用户完全同频和共生。同频是中国企业的世界级难题。不做服务，缺少互动，企业根本就不知道终端用户在想什么。中国品牌在国际市场的问题，就是隔着一层服务——服务是检验事情做得对不对的根本方式。对于企业来说，做对比做好更加重要。搞清楚用户需要，才能够聚焦资源满足需要。

在吉登高先生看来，企业需要有独特的生存方法论，没有一个企业可以照搬别人的整体方案，实现长久生存。换句话说，一个创业者如果不想冒一点独立前行的风险，而是去购买一个完整的解决方案，只要商业模式的外壳而不要它的精神内核，那么想要成功就像做梦一样。企业的第一要义，就是秉持与社会共生的理念，在此理念的约束下，发展出自己的差异性。

为客户服务就是我们所有创业企业的底层逻辑。在管理好产品之后，还需要同步思考用服务维系客户关系，并且继续探求客户没有被满足的需求。跟着用户服务走，不会迷路，这就是一条捷径。径直走向目标，对于创业者来说，已经是值得庆幸的事情了。

（四）

吉登高先生是资深的在线教育企业运营专家和操盘手。在他的深度思考里，涉及了"工业时代的教育体系向后工业时代教育"的转变，并且在产业低潮的时候，坚信专业教育带来的技术专长是当代人的立身之本。终身学习，是在不确定性时代应对挑战的必然行为。

后工业时代是知识和创新经济主导的时代，围绕知识价值的传递是新经济时代的轴心架构。无论短期的产业经济环境如何，从中长期来看，在线教育产业经济，是必然爆发的一个产业经济形态。从技术形态来讲，可能会与今天看到的模式不同。但绝大多数线性思考不认同的方向，对于创业者来说，往往就是好方向。

吉登高先生认为，在未来，一切产业都会带有教育基因——教育自己，教育员工，教育伙伴和客户。这一点，业界也是认同的，因而有些大中型企业举办自己的企业大学，按照自己的方式来培养企业的多层次人才。企业发展自己的在线教育系统，企业将价值观和文化系统渗透到企业的教育系统当中，这就形成了真正的价值观管理。

（五）

在线数字教育的低成本和高效率是其核心竞争能力所在。吉登高先生在本书中建议，做服务需要一种破局者思维，需要打破原来的思维边界，要质疑那些"理所当然"的东西，寻找出新的路径。

事实上，吉登高先生认为中小企业引入无边界的在线思维很重要。打破思维框架，建立全球服务理念，这是当今和未来小企业该干的事情。大量中小企业需要发展出自己的服务系统，按照数字化组织的模式，横向连通硬件、软件和服务。

中小企业需要引入3种工作语言：中文、英文和编程语言。语言是一种基础底层工具，中小企业也需要发展出全球服务能力，服务意味着中国企业和全球用户关系的重构。只有重构才会创造新的机会，而机会和时间窗口才是企业发展的动力基础。企业需要抛弃风口思维，培养基础能力，自己长出翅膀，并借助数字化组织提升自我飞翔的能力。

依托数字化做企业，需要看到服务的本质，学会运用数字化的全球瞬间服务能力进行全球服务。事实上，吉登高先生就是一个优秀的全球服务业者，是一个"中国服务走出去，世界服务走进来"的商业实践者。他针对商业模式问出一系列问题：你的企业商业模式的支撑点是什么，有几个，是否可以用数字化模式连贯起来？将业务战略连贯起来的独特方法论是什么？

吉登高先生认为，服务会形成一种无处不在的流体，产品是漂浮在服务流上的可见的部分。服务产业的本质是互动，是高价值数字信息的来源，是人工智能和数字化的基础工程。充分了解中小企业的数字中台，可以让管理者能够维系一个大规模的服务盘子，这符合数字时代企业组织的规律，即将企业做小、将客户做大。因为中小企业数字中台非常重要，所以国内优秀企业纷纷到吉登高先生的公司参观数字中台，如图1所示。

图1 "老乡鸡"束总带队到公司参观数字中台

（六）

服务业是关系和知识流的流淌。在线教育的发展，为这种关键资源的流通提供了低成本的可能性，这时客户不仅是客户，更是合作伙伴。在本书之中，吉登高先生最重要的洞察，就是对于未来下一代组织形式的构建，这也是本书的价值所在，即重新组织企业的利益分配机制，将公司组织的内涵丰富起来，让公司制度和数字化组织共同演化，未来不仅仅落实到以客户为中心的流程上来，更重要的一点是让客户赢得人生。

吉登高先生认为，在线教育服务的根本，就是让客户赢，让客户的人生变得更好，关注客户的生活方式和做事方式。这是下一代服务业组织存在的价值。

（七）

吉登高先生在商业模式的创新、改进以及运营操盘方面积累了丰富的实践经验。正是这些经验，使他得以在行业遭遇"寒冬"时，仍能领导数万从业者共同实现利润的增长。在他的带领下，企业的核心竞争力得到了显著增强，成为首批突破行业发展瓶颈的先驱者。

本书为数字教育产业和咨询培训产业提供了宝贵的洞见，尤其对于那些正在从传统产品模式向基于产品价值流程的服务模式转型的产业经济来说，它提供了关键的数字化转型知识和方法论。对于中国众多中小企业来说，本书堪称枕边必读之作。它的目标读者群体极为广泛，拥有成为超级畅销书的巨大潜力。

原华为战略总监、OPPO 副总裁，
现为一家机器人企业 CEO
苗佳宁

前 言

从在线教育经验看服务业的数字化变革之路

在过去几年里,我一直怀抱着写书的愿望。作为一个连续创业者,以及在不断变化的外部环境中能持续获得盈利的操盘手,我特别想分享关于中国服务业及其高端未来发展的见解。

从宏观产业结构来看,作为一个发达经济体,中国未来的主导经济板块将是服务业。在中长期的战略框架下,未来最大的商业趋势是数字智能化与服务业的融合,形成完整的价值生态系统。在这一新的交付系统中,维护用户关系、销售商品和服务,以及构建品牌是至关重要的。

身为一名商业价值主义者,我坚信只要产品和服务足够优秀,就能在市场竞争中占有一席之地。创造无法被竞争对手轻易模仿的产品和服务,是创业者的基本素养。商业书籍的价值,在于其理论和实践经验的启发性、可复制性和普适性。

青豆集团作为一家致力于商业模式差异化的重构者,已经建立了一个高端服务业的数字化组织。这是一个连续演进的生态系统,我们不再重复过去的企业架构,而是将社会中的多层次服务资源和要素整合起来,基于数字技术的协同性,在系统层和结构层进行重构。服务业的价值在于,每一个终端服务者都能随时调取平台资源和标准服务系统,从而提供优质的用户体验,满足用户需求。我们和国内众多优秀的公司签订了战略合作协议,如图 2 所示。

图2 太极文化传承人王连君导师团队签约青豆集团,设立锦友会

在新时代,服务型创业者首先应当识别市场现存系统的不足之处,然后用数字化思维来解决关键问题,围绕"以用户需求为中心",创造高性价比的服务方式。高端服务业的未来,需要从追求商业模式的差异化出发,构建连贯的完整价值链,整合社会资源,并认识到系统层正在软件化的现实。好的想法需要沉积在服务软件中,信息技术和数据智能正在深度参与服务型组织的演进。

众多的"产品新零售"服务业案例正在展现出强大的信息系统和生态系统的力量。我们从核心数据服务器中,看到企业如何在软件层重构运作流程,每个人都在数字终端的支持下完成自己的工作,成为产品服务者和数据生产者。庞大的冷链和采购系统,以及整合于数字底盘下的价值链正在精确运转,展现了服务业的真正面貌。

工业革命 4.0 不仅在推动制造业的数字智能化,也对服务业产生深远影响。大众信息终端和云平台的结合,将在服务业中创造巨大的商业机会。这不仅是中国服务业的范式转移，更是一种连续的跃迁。创业者需要从众多商业模式中找到生态化发展之路，形成独特的价值链生态。

青豆集团的经验表明，服务业的价值不仅在于技术创新，更在于每个个体的内在驱动力。因此，文化、价值观、行为伦理和平台规则至关重要。每家企业都是一个充满活力的生命体，创业者需要抓住时代的机遇，积极参与未来的系统建设。

吉登高

目　录

第一章　数字化服务组织的未来

一、数字化组织是企业系统的新底座 /2

二、良性共生式创业 /7

三、平台信任机制的设计 /10

四、超级工具成就超级组织 /15

五、数字化流程服务组织的价值 /20

六、数据反馈与智慧型组织构建 /25

七、在场景之中实现无边界服务 /29

八、数字化中台赋能 /32

第二章　创立利益相关者组织

一、组织强大的根本归为个体内驱力 /38

二、一流的组织敢于直面名利 /41

三、股东不再至上 /44

四、矩阵式驱动 S2B 模式 /47

五、一种混合的 S2B2C 模式 /50

六、善待伙伴是服务业的基础伦理 /53

七、平台、中台和个体矩阵 /57

八、让利益相关者参与利益分享 /59

第三章 在线教育引领认知革命

一、一切产业都是教育业 /64

二、极致的 O2O 生态构建 /66

三、便宜到 10% 再思考 /70

四、以学习者为中心的价值流程 /73

五、中台制胜，打造企业级能力复用平台 /76

六、智能学习带来的平台进化机会 /79

七、普惠是未来数字教育业的基本伦理 /83

八、构建全球性学习之路 /86

九、降低社会运行成本是在线教育的使命 /89

第四章 数字化服务组织的管理方法论

一、建立数字化服务组织的总体游戏规则 /94

二、战略价值创造优于资本扩张 /98

三、品牌信任基于自觉的口碑管理 /101

四、一个企业一个独特方法论 /104

五、平台 + 人 + 技术 + 文化 /107

六、共建共生的智能商业之路 /110

七、数字化让组织变轻也变重 /113

八、价值观升维和站队做第一的魄力 /115

九、数字化时代高度纪律性组织 /117

第五章　数字化服务创业者的模式创新

一、商业模式的力量总是被低估 /122

二、教育、品牌、价值、共生的大场景 /124

三、新模式都是技术驱动管理 /128

四、数字化支撑异业合作模式 /130

五、模式创新需要解决关键问题 /133

六、模式设计符合服务经济细和慢的本质 /136

七、模式设计找到你的关键量化指标 /139

八、高端服务业的零售模式创新 /142

九、将一切运营活动连贯起来 /146

第六章　数字化服务创业者的营销战略

一、服务业以用户体验和口碑为准则 /150

二、场景营销邂逅软营销 /153

三、好产品，好服务，好营销，好互动 /156

四、有温度的双向关系营销 /159

五、本地化导师级服务 /162

六、人文营销和创造对话 /165

七、数字时代创业者更加需要品牌营销 /168

八、更好的营销赋予用户生活方向和意义 /171

第七章　服务产业操盘手的战略素养

一、操盘手的价值：洞察、稳局与破局 /176

二、小公司也有大战略 /179

三、服务永远基于用户的心智 /182

四、业务战略聚焦是操盘手的自觉 /185

五、价值观统一和行为依规性 /188

六、更好的流程执行，更好的考核机制 /191

七、操盘手的技术思维和经营艺术 /194

八、操盘手让企业经营行为连贯起来 /196

第八章　服务生态组织的战略运营

一、生态服务需要多层次复制力 /202

二、百万人社区才是创业生态组织的常态 /204

三、横向和纵向孵化是生态发展的天道 /207

四、数字系统迭代和降本增效是生态实务 /209

五、生态构建者必须营造生态壁垒 /212

六、企业生态的归属是成为"黑土地" /216

七、对于中国在线教育生态的未来展望 /219

后　记 /223

第一章 数字化服务组织的未来

一、数字化组织是企业系统的新底座

（一）

从我决心撰写这本书的那一刻起，我的目标就非常明确：我想向读者们展示，在引领企业迈向数字化转型的过程中，我个人的思维历程和我们团队的实际运作过程。

回溯到 2012—2013 年，那是我们说客英语项目孵化的初期。

在 2013 年元旦这个时间点之前的二三十年的时间里，世界上发生了一系列与我们息息相关的事情。

1969 年，互联网的前身 ARPANET 启动，至 20 世纪 90 年代初开始逐步向全球推广，特别是 1991 年万维网的出现加速了这一进程。

1976 年，苹果公司推出了其第一台个人电脑 Apple I，标志着电脑走入家庭。

1981 年，IBM 推出了其第一台个人电脑 IBM PC（型号 5150），进一步推动了个人电脑的普及。

1990 年，蒂姆·伯纳斯-李开发了第一个网页浏览器"世界之窗"及第一个网页。

1994 年 4 月 20 日，中国正式接入互联网。

1994 年，IBM Simon 作为第一部被广泛认可的智能手机推出。特别是 2007 年苹果公司推出 iPhone 后，智能手机得到了迅速发展。

在以上的大背景下，国内外先后出现了大批典型的数字化企业。其中非常知名的有：中国的阿里巴巴（1999年成立）、腾讯（1998年成立）、百度（2000年成立）、小米（2010年成立）、京东（2004年成立）；美国的谷歌（1998年成立）、亚马逊（1994年成立）、Facebook（2004年成立）、微软（1975年成立）、苹果（1976年成立）。

数字化组织的兴起对许多传统行业产生了深远影响，例如对传统零售业、广告行业和传统媒体产业。至2012年年底，数字化组织已开始主导电子商务、社交媒体、在线搜索和广告、移动通信等领域，成为企业系统的新基石。移动互联网的兴起和智能手机的普及，极大地推动了这一趋势的发展。

（二）

在2012—2013年，我与我的团队经过深入探讨后坚定地认为，要实现我们的宏伟愿景，走数字化的道路不仅是必要的，更是唯一的选择。我们的初衷非常宏大：希望能够让全球各地的成千上万名英语教师，通过面对面的互动方式，服务于百万甚至更多的学生。而这一切，都将由我们不到百人的总部团队来全力支持。我们负责为世界各地的教师基地以及国内数千家经销商提供全方位的服务保障。

在我们的理解中，真正的数字化组织，并非像传统科层组织那样简单采用服务器、电脑、手机、网络等一些数字化工具就自称的数字化组织，而是一种从其核心理念到商业模式和操作流程，都深深烙印着数字化基因的组织形态。在这样的组织中，决策不再依赖于层层上报和逐级审批的繁文缛节，数据驱动的智能分析工具能够即时提供决策支持；团队成员不再是单纯的任务执行者，而是变成了数据的探索者和创意的创造者；组织中文化是开放、协作的，像一座没有围墙的创新园区，每个人都能在这里进发出创新的火花，共同编织出一张覆盖全球的智慧网络。在这里，变革是常态，创新是习惯，敏捷和适应性是基本生存技能。数字化组织如同生长在数字土壤中的植物，其根系深深地扎根在了数据的丰饶之地。这样的组织生生不息，不断进化，随时准备拥抱新的技术革命，以及由此带来的无限可能。

在那个时期，对我们而言，构建一个数字化组织，是一个全面且系统的工程。我们面对的是一系列棘手的问题，这些问题紧紧围绕我们的目标和所处的具体条件。其中一些痛点包括：如何让世界各地的英语老师能够在当地触达中国甚至全球的学生，如何转变传统的以教师为中心而非以学生为中心的授课模式，如何应对外教面对面授课的高昂费用，以及我们自身面临的资金限制问题。面对这些挑战，我们必须找到创新且性价比高的解决方案。

我们的纲领从一开始就确立了一项核心共识：成为自觉的数字主义者。这意味着我们需要用未来的眼光审视现实，而不是盲目模仿他人的模式。我们深知，传统的规模扩张往往伴随着巨额资金投入，这是一场高风险的游戏。因此，我们时刻保持警醒，对于众多企业所采用的相似策略，我们选择保持距离和独特性。我们的目标不仅仅是创造差异化，更要在数字化的浪潮中寻找我们独特的路径。

（三）

对于青豆集团这家在线教育企业来说，自创立之初，团队便致力于注入数字基因，旨在从根本上解决企业数字化服务流程的构建问题。我们追求的是一种数字化的基因、数字化的人才、数字化的组织架构、数字化的技术平台，以及数据驱动的数字引擎。即使是较小的核心团队，也能有效推动大规模事业的发展。

企业战略对齐、个人成长对齐和企业文化对齐，是衡量管理者在数字化构建或转型过程中能力的关键指标，也是其基本技能的体现。管理者需要借助数字技术，打破传统组织的能力和结构限制。在传统科层制组织中，一个人能管理5—8人；而在数字化组织中，理想状态是"韩信点兵，多多益善"。

传统科层制组织之所以效率低下，主要是因为沟通和纠错成本较高。随着时间的推移，这通常会导致企业战略、文化价值观和个人执行任务的偏离。一旦战略出现偏移，纠错的成本惊人的高，可能需要采取组织重组、战略调整和文化变革等措施。在这些企业中，即便战略决策得当，由于长期的"高成本运营"，执行过程中仍会频繁出错，导致资源浪费和效率下降，进而使战略与执行之间产生脱节，难以维持一个连贯、平滑的发展轨迹。创始人往往因此身心俱疲，沦为处理日常事务的"救火队长"。

对中国企业而言，从传统科层制向未来的数字化组织的转型，预示着一次深刻的变革。企业正在积极构建数字化基础设施，这不仅是满足当前需求，更是为未来发展打下坚实基础。这一转型过程，就像企业从依靠简单结构的自行车，演变为依赖复杂底盘的汽车，意味着多个系统的紧密协作，展示了数字化组织在精确度和系统化方面的优势。在这种转型中，如果缺乏系统性思维和全面掌控能力，企业将难以顺利完成向数字化的过渡。

数字化组织的变革已成为现今的常态。当代创业者一开始便将组织的数字化作为优先考虑的问题，他们倾向于服务业与产品相结合的业务模式。企业的数字化能力直接关系到其融资能力。对投资者来说，评估一个企业时，首先需要考察其数据资产及其是否能够有效驱动组织流程，形成企业的数字引擎。

（四）

在不远的将来，机器人将以各种形式融入企业、组织乃至人们的日常生活。想象一下，公司的主要员工都是机器人，工厂里的工人也是机器人，连医院里的工作人员也都是机器人。届时，我们公司推出的"说客英语"App，将有很大一部分线上教师以虚拟形式存在。屏幕上栩栩如生的男女形象，实际上是由服务器生成并投射的影像。这些虚拟教师可以通过摄像头与你眼神交流，如同朋友般观察你的反应，以此建立更深层次的互动。这将极大地降低学习外语的成本，你可以在任何时间、任何地点与这些虚拟教师进行互动。

我们现在就能看到这一未来景象的初步形态：现代公司的基础已不仅仅建立在实体办公地点和组织形式之上，而是深植于服务器、员工和客户的手机及电脑中。一旦这些数字基础设施瘫痪，公司的运营将会立即受到影响甚至停滞。

未来的中国产业结构将发生重大变革。数字化服务业和高端服务业的深度结合，有望成为最大的产业板块，预计可能占据经济总份额的70%以上，成为创新创业的主战场。在数字化服务业主导的社会背景下，传统的集中控制工业思维将逐步被新兴的数字化、分布式的矩阵协作组织结构所取代。数字化企业将成为一种普遍且高效的经营模式，引领新的经济发展潮流。在这个过程中，适应和驾驭数字化转型的企业和个人，将有更多的机会在新的经济格局中崭露头角，创造更大的价值。

二、良性共生式创业

（一）

回顾商业发展历程，我们可以看到，自20世纪50年代开始，企业逐渐在主动或被动中与利益相关者建立和维持生态关系、构建各种生态联系。特别是进入八九十年代以后，这种趋势变得越发显著。越来越多的企业致力于向世界展示自己作为优秀共生者的形象。这一转变是由多种因素共同推动的：信息技术的飞速发展和全球化的加速，可持续发展和社会责任意识的增强，市场竞争的日益激烈，以及消费者意识的逐步提高等。如今，构建和维护生态关系已成为企业实现可持续发展的关键策略之一，它不仅帮助企业在市场中提升竞争力，还能增强其品牌形象。

当我搜索和研究世界上的长寿企业时，发现那些像人体器官一样与社会共生一体的公司真是数不胜数，其中的"百年老店"全世界都非常出名，如美国的IBM公司110多年、福特汽车公司120年、通用电气公司130多年、宝洁公司180多年，英国的巴克莱银行330多年，瑞士的雀巢公司155年以上，德国的西门子公司170多年，日本的东芝公司140多年、松下电器公司100多年……这个名单还可以列得更长。这些企业之所以能够基业长青，核心原因之一在于它们能够与世界建立起良性共生的关系，总体上为世界贡献的是积极而非负面的价值。观察这些优秀企业可以发现，良性共生不仅是可行的创业和运营策略，更是实现长期成功的关键因素。

（二）

用生理学的眼光看世界时，会感觉世界上的每个人都是社会的细胞，而各类组织——从政府组织到企业——都是社会的"器官"。每一个人类个体以及各类组织（包括企业），在本质上都是与世界共生的，区别只在于这种共生关系是良性的还是恶性的。

什么是良性的共生关系？它是指企业与社会之间建立的一种互惠互利、可持续发展的关系，其中企业为社会贡献的正面价值明显大于负面价值。企业家在文化和世界观上，其核心目标是为世界创造价值。而恶性的共生关系，则表现为那些只顾自身利润，却将污染等问题留给社会的企业。这类企业如同社会肌体上的毒瘤，他们在追求自身利益的同时，对社会造成损害，是一种损人利己的行为模式，将负面影响扩散到各个领域。

在2012—2013年的孵化项目创业期间，当我意识到企业必须与社会形成良性共生关系时才发现，这一理念已被许多企业领袖采纳和实践。日本的稻盛和夫、星巴克创始人霍华德·舒尔茨、华为创始人任正非等企业家，他们的公司文化核心和经营宗旨均围绕着为社会创造价值展开。只有怀抱良性共生的思维去创业，企业才能实现长久的繁荣。

世界上所有企业和个体都处于一种紧密的共生关系中。怀着共生式创业的理念融入这种共生氛围，企业的命运才能与人类的共同命运紧密相连，作为一个共生体继续生存。相反地，那些只追求短期利益、盲目跟风、或采取欺骗手段的企业，是无法实现长期成功的。

自从确立公司使命以来，我们坚守的最高宗旨便是良性共生——与用户、伙伴和员工共同实现这一目标。在我来看，良性共生意味着我们在创业之初就要确保商业模式、未来提供的服务和产品内嵌有良性共生的基因。这不仅体现在我们对客户的服务方式和商业伙伴的合作模式上，也渗透在我们的商业模式和提供的服务之中。良性共生式创业，即在这种基因和宗旨的指导下，不断追求良性共生的目标，并在这一原则下展开所有创业活动。

（三）

我深信，在创业阶段，企业特别需要良性共生原则的约束和指导。

创业，本质上是从零开始，打造全新的存在；而企业的转型，尤其是在数字化方面的转型，实际上是一种二次创业。这个过程涵盖了从商业模式设计到流程、制度建设，再到数字基础设施的构建，包括平台、中台和软件的开发。正是在这些环节中，将良性共生的基因融入商业模式显得尤为关键。对于数字化组织而言，这一点尤为重要，因为许多流程和规则都在代码中得以固化。正如我们在构建说客英语的数字化体系时所做的那样——把良性共生进一步明确为"以学习者为中心"，所有活动都以这个宗旨为准绳，遇到困难或举棋不定时，也回到这一宗旨来汲取创意和决断的力量，仿佛我们决定与之共生的千百万学习者的目光也看着我们。

事实上，许多其他企业也采取了相似的策略，如、亚马逊、阿里巴巴等，在各自的数字化转型和发展过程中，同样注重良性共生原则的实践应用。亚马逊秉持"顾客至上"（Customer Obsession）的理念，通过持续提供高效便捷的购物体验和客户服务，来赢得消费者的信任和忠诚。而阿里巴巴则坚持"让天下没有难做的生意"（To make doing business easy）的使命，通过打造全球化的电商平台，不仅服务于消费者，也帮助小微企业和商家实现增长和繁荣。

（四）

全世界的人，无论是好人还是坏人，都明白良性共生是一种最根本的普世价值观，是所有人类共同赞同的理念。

当社会普遍认定一个人或组织为恶性共生者时，通常意味着这个人或组织的"社会性死亡"。例如，被揭露生产含毒成分牛奶的乳品公司、被曝光的污染环境的化工厂、因数据泄露严重侵犯隐私权的科技公司、因丑闻被揭露的公众人物，以及因不道德经营而声誉扫地的金融机构等。这些实例反映了社会对于恶性共生行为的不容忍和严厉惩戒，凸显了良性共生原则在当代社会中的重要性和普遍认可。

（五）

良性共生的宗旨以追求为他人创造价值的方式来设计商业模式，或进行数字化转型，来争取我们自己的利益。这不仅仅是一个口号或宣传，它是一种经营哲学，也是设计商业模式的哲学，是商业真正的精髓所在。

三、平台信任机制的设计

（一）

十几年来，一个引人入胜的现象普遍出现：从农民工到企业高管，从各国政府官员到国家领导人，几乎每个使用电脑或智能手机的成年人、青少年，甚至是刚学会操作手机的幼儿园孩童，每天都在与众多平台互动。你手机里安装的、你在电脑上常访问的网络应用数目，也反映了你所连接的平台数量和范围。两年前，我目睹两个小学生一边刷抖音一边开怀大笑的场景。十年前，更多人已沉迷于网络游戏或购物网站。这正是平台的战国时代。一个组织若无平台，则难称其为数字化组织。平台如同企业编织的网络，遍布全球，旨在吸引并留住更多用户。

（二）

作为致力于打造数字化组织的创业者，我和我的团队致力于研究世界各地的商业平台，目标是揭示成功平台的关键特质，并分析失败平台在留住客户方面的不足之处。

在使用各种平台时，我们经常自问或进行团队讨论：为什么我们会信任这个平台？为什么愿意在此平台使用服务并成为其忠实用户？经过深入的分析，我们得出了两个关键结论。首先，平台的信任机制至关重要，它是赢得用户信任并留住他们的核心机制。其次，不同类型的平台需要构建各自特定的信任机制，以满足其特定领域内用户的需求和预期。

例如，电商平台需要建立强大的消费者保护机制和透明的评论系统来保证用户的权益，而社交媒体平台则需确保用户隐私的安全和内容的真实性。这些机制有助于创建一个安全、可靠的环境，从而吸引并维护用户的忠诚度。例如，淘宝通过其完善的退款策略和真实的用户评价体系赢得了消费者的信任，京东凭借其高效的物流服务和正品保证成为电商巨头。在美国，亚马逊通过其消费者友好的退货政策和客户服务赢得广泛赞誉，而Facebook（脸书，亦称脸谱网）则通过持续改进其隐私保护措施来回应用户的担忧。

那些留不住客户的失败平台，它们要么信任机制不完善，要么干脆没有信任机制。这些平台常见的问题包括用户体验不佳、信息安全薄弱、服务质量不稳定，以及缺乏透明和诚信的交流。比如一些电商平台，因为缺乏有效的消费者保护措施或假冒伪劣商品泛滥，而导致用户流失；社交媒体平台因为没有严格的隐私保护和内容审核机制而失去用户的信任；游戏平台是最容易看到用户如何流失的案例集，外挂的泛滥不仅破坏了游戏的公平性，还影响了正常玩家的游戏体验。当平台不能有效管理和控制这些不正当行为时，用户会因为沮丧和不满而转向更公平、更安全的竞争对手平台。

很多平台都经历了这样的困境：由于信任机制不佳而导致用户流失，这些离开的用户往往会带动更多用户的流失，转而投向竞争对手。他们借助各种渠道传播对原平台的负面评价，舆论的野火渐渐使大众感觉原平台是一个坏的共生者。一旦舆论形成负面趋势，平台崩塌的速度之快令人震惊。例如，曾经的社交平台人人网，因为无法满足用户需求和保护隐私，逐渐失去了市场地位；网易云音乐因版权问题和用户体验下降，面临着用户流失的挑战。再如，美国的社交平台 MySpace（我的空间），因为未能及时适应市场变化和用户需求，被 Facebook（脸书）等竞争对手迅速超越；另外，Yahoo（雅虎）也曾因为多次安全漏洞事件和隐私政策问题，导致用户信任缺失，用户群体大量流失。

（三）

对于我们这样的在线教育平台创办者来说，经过 10 年风雨历程的深刻体会是：对于数字创业者而言，平台信任机制中的真诚不仅仅是一种品质，更是推动我们前进的力量之源。特别是对于提供数字化服务的企业来说，过程的透明度、可追溯性和主动消除黑箱操作，是数字化组织运营的核心逻辑。在数字时代，企业不能再依赖信息不对称的传统商业策略来获取竞争优势。尽管在某些情况下这种策略看似有效，但它会导致不对称的损害，从而损伤企业的长期信誉和可持续发展。

这一原理在互联网的本质中有所体现，即一个多元化的协作网络。在这个网络中，无数节点实际上构成了一个平权的分布式组织。这种结构决定了我们在设计组织结构时，必须尊重网络规律，采取开放、透明和协作的方式来构建企业。这样的做法不仅符合数字时代的发展趋势，也是赢得客户信任、实现长期成功的关键。

在过去10年间，我们见证了互联网领域的繁荣，它们就像昙花一现。我们经历了一个短暂的社群时代，这些生命力极短的活跃社群往往在几个月内迅速降温并解散。这背后的原因在于它们缺乏有效的机制来维持稳定的组织结构，无法长期保持人与人之间的紧密联系。

（四）

许多企业在企业文化建设中，对于强调"真实"这一概念感到困惑。实际上，企业运营中的许多问题往往缘于无法保持真实性：扭曲客户价值、员工价值或股东价值都可能导致战略的偏离和执行的失效。例如，诺基亚在智能手机市场的失势，部分是因为未能真实地评估市场趋势和用户需求；安然公司的崩溃则是因为公司信息的不透明和财务操作的虚假导致的。因此，在设计青豆集团的平台信任机制时，我们首要的原则就是确保信息的真实性。只有在真实理念的基础上，才能实现基于自组织和规则的自动化运作。

作为一家互联网企业的操盘手，我们经历了互联网的浮躁，并有意识地抵制这种趋势。作为创业者，我们总是逆市而行，在竞争对手大举烧钱扩张市场之时，我们反思的是如何回归互联网和数字教育的本源，从根本上构建自己，避免被流行观念所左右。

青豆集团作为一个科技驱动的企业，深知技术想要创造价值，必须构建一个长期稳定的协作网络。我们致力于将大规模运作、低成本和高价值这些看似矛盾的因素融合在一起，寻找系统性的平衡点。这不是靠企业团队少数人的努力就能解决的，而需依赖于更广泛的社会协作网络。简单来说，要想成就大事，关键在于如何有效地发动和利用群众的力量。

我们的经验源于观察友商的教训。我们注意到许多友商在获得资本投资后进行疯狂的市场扩张，但这种持续的客户拉新模式缺乏固定和系统的设计。从拉新到价值转化，再到老用户带新用户，这一过程没有有效的系统规划，导致客户快速流失。市场出现了问题，营销主义和教育价值在此发生冲突。我们经常讨论"以学习者为中心"，但在实际操作中发现这往往只是一句口号。我们需要的是一个明确的目标——建立学习者的信任。围绕构建信任机制，使所有平台参与者真正实现对人、对平台机制、对服务质量以及对企业品牌的认同和信任，这才是我们的核心追求。

为了建立一个自组织的开放式组织，保持平台数据流动的真实性至关重要。企业经营团队只需坚守"物有所值、物超所值"的经营哲学。开放式组织，其平台信任机制的灵魂在于"真实"。

（五）

在设计说客英语的平台信任机制时，我们深入探讨了传统组织中基于人际私人关系的信任机制。商业教科书常将"人脉"描绘为个人成长的关键资源。然而，作为数字教育领域的先行者，我们关注的是网络中的弱关系现实，探索的是超越传统人际关系的信任机制，转向一种人机互动的信任模式。我们认为，这是未来实现更多教师服务更多学习者的机器信任的基础。

对于数字化组织而言，核心在于连接，即如何连接、与谁连接，以及如何构建信任。我们首先考虑的不是连接的数量，而是可信连接的质量。用现代的话说，我们的首批用户是种子用户，不仅仅是平台上的过客。他们带来的是向外扩展的潜力，而非仅仅作为我们的营销对象。我们构建的是一个网络，而不仅仅是一个被称为团队的实体。

青豆集团在建立平台信任机制的方法论中，致力于成为学习者连接方式的探索者和变革者。我们认识到原生英语教师的授课需求与中国学生的学习需求都是真实存在的，我们所做的，就是提供一个稳定且值得信赖的协作网络。我们将孤立的数据和个体连接起来，这正是我们多年来所致力的。

在团队看来，这些工作错综复杂，但青豆决策团队实际上只做了一件事：基于人工智能数据分析，主动为学习者匹配合适的教师，从而解决"哑巴英语"的问题。教师与学习者间的相互评价机制形成了平台的正反馈循环，这种评价机制影响着每个人的声誉，促使平台上的每个人进行自觉的声誉管理。这正是我们在机制设计中的核心目的。一切后续的价值创建，都是基于信任的基础上进行的组网、联网、全球协作和内外协作。只要满足了所有人的需求，平台自然能够发展壮大。这就是青豆集团在信任机制设计上的经验之谈。

四、超级工具成就超级组织

（一）

观察人类文明的进程，可以发现它是与工具，特别是"超级工具"的发展是密切相关的。从人类开始制造工具的那一刻起，就已经拥有了相对于其他生物的超级工具。语言，无疑是其中最显著的一个。除此之外，火的使用、轮子的发明、书写系统、印刷技术、农业工具，以及"工业革命"带来的无数创新工具，都极大地推动了人类文明的发展，使其远远超越其他生物。"君子生非异也，善假于物也"，这句话道出了人类的工具观——善于利用外部条件。在现今，信息技术和高端技术成为企业间进行差异化竞争的超级工具。掌握了更强大超级工具的企业，更有可能成为超级企业。这些工具的拥有权或使用权对于企业而言至关重要。一旦失去了这些超级工具，企业的竞争力就会大打折扣，其"武功"几乎废了大半，甚至全废。

（二）

在数字化组织的背景下，企业专为自身量身打造的平台成为不可或缺的超级工具。以淘宝平台为例（包括其前台、中台和后台系统），它不单单是一个电子商务平台，更是一个融合了交易、社交、数据分析和创新营销的全方位综合性生态系统。其面向用户的前台系统是人们最熟悉的，包括商品展示、搜索、推荐、交易处理等功能。而其中台系统起到了核心的作用，是连接前台和后台的关键枢纽，提供了数据、服务和流程的集中管理和优化。其后台系统则包括了物流、支付、仓储等基础支撑服务，确保整个交易流程的顺畅和安全。这样的系统根植于数以万计或更多服务器中，使淘宝能够精准地满足用户需求，同时为商家提供强大的数据支持和市场洞察，从而在激烈的电商竞争中保持领先地位。淘宝平台是其众多员工——包括那些非程序员的员工——通过成千上万小时的辛勤工作打造和持续改进而成的成果。这是技术上的壮举！没有这个平台，即使是最有远见卓识的投资人或最具领导才能的领导者，也难以实现企业的宏伟目标。

（三）

苹果公司创始人乔布斯先生在观察人类超级工具的过程中，曾经提出了一个"最好的问题"："为什么计算机改变了几乎所有的领域，却唯独对学校教育的影响小得令人吃惊？"他在深入思考后得出了一个更为广泛的结论："当技术逐渐融入我们的生活时，我们需要超越单纯将技术视为工具的观念。"

作为青豆集团10年的掌舵人，我一直对乔布斯提出的问题保持高度警觉。在青豆集团的运营过程中，我们坚决避免"马拉火车"的局面，即工具不能与企业目标相匹配的情况。这种不匹配实际上是一种结构性问题，表现为企业所使用的工具和方法不能有效支持其战略目标和市场定位。为了使企业成长并壮大，必须培养一种革新的工具观。这意味着设计和创造独特的企业超级工具，这些工具必须基于前沿技术和创新思维，要独一无二、非常规，且完全针对企业的特定目标量身定制，并能随着时间不断演进和完善。这样的超级工具将成为企业在激烈市场竞争中脱颖而出的关键。

因此，青豆集团始终坚守的原则是，作为一个紧跟时代步伐的企业，我们必须采用与时代相匹配的工具。更具体地说，这意味着选择那些能够完美衔接我们S2B2C模式的强大平台——包括前台、中台和后台系统。错误的工具选择无疑会使我们在竞争激烈的市场中陷入不利地位。我们始终致力于选择、打造和发展那些能与我们的企业愿景和目标紧密相连的工具，以确保我们的发展策略与时代潮流同步，从而驱动持续的创新和成长。

（四）

企业的生产力水平主要体现在其生产工具上，这些工具的有机组合，代表了企业的整体生产力水平。

在观察全球一流企业时，我们会发现一个共同特征：这些企业非常擅长自行制造工具，从而显著超越了传统的工具观。例如，华为的管理工具是自主研发的，比亚迪在其生产线上使用了大量自主设计的设备，特斯拉在电动车制造领域也采用了大量自制的高效自动化设备……这些企业的工具观已远远超出传统观念。

传统工具观的一个显著特征是将人视为工具，通过学习、训练以及文化、原则、教育和绩效体系的驱动，将人打造成能够操作特殊机器的智慧工具，并将由人组成的组织构建成结构化的超级工具。而"自造工具"尤其是数字化的"自造工具"，其革命性在于，不仅解放了人的体力，更解放了人的智力，将之融入工具。那些拥有"自造工具"的企业，就像握有神器或拥有外挂的战士一样，因其独特且强大的工具而成为超凡的组织。我会把数字化"自造工具"运用到公司的实际管理中，如3所示。

图3　青豆集团全员宣讲———张绩效表管好自己

1987年诺贝尔经济学奖得主罗伯特·索洛（Robert Solow）明确指出："经济发展不应仅仅聚焦于短期表现，从长远来看，经济增长主要依赖于技术进步，而非单纯的资本和劳动力投入。"这一简明而深刻的结论，一直是我和我的团队坚持研发创新的坚实基石。

在青豆集团，我们遵循两个核心的工作方法论：首先，我们致力于人才的培养和造就；其次，我们专注于自主打造工具，并将合适的人才与合适的工具相结合。这种工作方法论，实际上是对商业智慧的一种基本理解。特别是在企业平台管理工具的领域，一旦企业在这方面进行深入投入，往往能够打造出独特的核心竞争力，这正是创业型企业赖以生存和发展的根基。

（五）

青豆集团旗下的说客英语，作为一个会聚了成千上万外籍教师和百万级学习者的"一对一"英语学习社区，自2013年起便开始了平台的深入开发工作。在国内率先推出互动式在线教育平台——我们自己的超级工具。这一举措，在当今来看或许司空见惯，但在十多年前却是一项需要极大勇气和前瞻性的尝试。团队致力于解决中国英语学习者的实际需求，如"哑巴英语"问题，这种需求的明确性为团队提供了坚定的信心。对于积极主动的学习者，例如从事跨境电商的中小企业，说客英语通过提供面对面的真人学习模式，在互联网上营造了一个真实的语言学习环境，使学习者能在短时间内达到自由交流的水平。

对于我们的决策团队而言，真正能够为客户提供服务的平台系统才是值得关注的领域。关键在于如何使百万用户在这个平台上流畅学习，形成独特的组织结构，并实现教师和学习者的高满意度。我们视拥有这种能力的平台为企业的"超级工具"。通过数字技术和人工智能的结合，我们能够迅速匹配资源，形成不同水平和价格的交流层次，以提供优质的用户体验。然而，这一切背后都离不开青豆集团系统工程师们默默地辛勤工作。

创业企业需要打造这类"超级工具"，其目的在于封装企业的全部知识和资源。数字化工具与传统的企业管理工具不同，它是一种新型资源，能够实现资源的战略性整合和贯通。这意味着企业可以将各个服务环节全部数字化，从而在降低成本的同时提高效率。在这些"超级工具"的赋能下，即使是规模较小的企业团队，也能够驱动巨大的外部资源。从企业的角度看，这不仅能创造高人均产值，还能提升人均效能，从而带来稳定的利润。利润的公平分配和企业的战略驱动系统的建立，都需要持续的研发投入，为企业的长期发展奠定坚实基础。

五、数字化流程服务组织的价值

（一）

世界上最具划时代意义的工业发明之一，是亨利·福特创新实施的汽车流水线。流水线的本质是很长的线性流程，它将一系列简单操作流程统筹起来固化到有序且匀速运行的更大线性流程之中，将一个个头脑不必聪明到可以理解汽车生产的工人（他们中许多人甚至不懂英语）固定在特定区域，让他们执行简化的、重复性高的工作，并跟上以固定的速度运转的传送带，以此确保生产效率和防止懒惰。流水线会聚了全线人员的智慧，让从事基础劳动的工人群体共同完成极为复杂的生产任务，其复杂程度远超任何单一超级技工所能达到的水平，像是把许多普通人揉捏成一个全能且温顺的巨人。这种方式充分且有效地利用了线上每一个人力资源，使得原本在技工作坊难以大批量生产的产品得以实现规模化生产。

用这样的方式理解了流程的基础概念之后，可以把工厂、企业甚至任何组织理解为流程的总和。一个企业的流程总和就是它的商业模式，其中汇集了数不胜数的业务流程和管理流程，可以理解为无数线性或非线性流水线的集合。业务流程包括但不限于产品设计、制造、销售、客户服务等，管理流程则涉及企业的日常运营和管理活动，包括财务管理、人力资源管理、供应链管理、决策制定、战略规划等流程。

（二）

对于数字化服务型企业来说，它们的许多流程被固化（编码）在平台及其他数字应用之中。这些数字化流程仿佛隐藏在服务器、电脑或手机中的数字化流水线，无论是线性的还是非线性的（如循环的、并行的、交叉的或事件驱动的），这些流程本质上基于继承自线性流水线的功能并未改变，即将企业中的所有利益相关者包括用户、合作伙伴、员工等定位在特定的数字流程虚拟节点上，就像福特公司的汽车流水线将工人固定在现实中的某一物理位置一样。与成本高昂、制作复杂的物理流水线相比，数字流水线的构建简直轻而易举，仅需一人或几人敲打代码即可完成。

这种便捷性使得企业在平台中扩展和优化数字流程变得异常容易。而数字企业的商业模式核心——数字化流程的集合，就像普罗大众所熟知的无数流水线网络，将全球各地无论是室内还是户外、无论是白天还是黑夜灯光下的无数个体人类固定在网络上的某个流水线节点上，规定、监督并考核着每个人的简单操作，如提供服务、接受服务、处理财务等。这张大网汇集了成千上万人的知识和智慧，形成了一股庞大的业务和服务洪流，并准确无误地将服务洪流分发到世界各地的用户面前。

（三）

说客英语演变成为一家数字化服务型组织并非一朝一夕之功，而是经过多年的持续迭代和优化而成。在其平台上，一位年轻的员工可能负责管理成百上千的多样化教学场景。因此，基于我们的经验，更高效的管理模式实际上是将管理和监督体系数字化、智能化，并将其深度融入企业的数字平台内部。在我们的办公环境中，烦琐的传统管理制度已经不再可见，所有可以数字化的环节都已逐步整合进我们的软件流程。

作为数字化服务业的一个典型实例，说客英语在其数字化服务平台的构建上，强调过程控制模式的重要性。从数字教育的角度出发，我们关注的是如何在教师与学习者的互动中营造更佳的教学氛围。服务业虽然不同于传统的产品驱动型行业，但其产品质量——教学品质——同样需要通过师生互动来控制和保证。为此，我们建立了标准化的评价体系，确保教学品质。毕竟，没有严格的过程控制和监督，就无法实现卓越的品质管理系统。

（四）

对于创业者来说，理解一条重要的原则至关重要：即便是看似最自由的企业，其内核实则是高度统一的。这种表面上的自由与内核的统一之间形成微妙的反差——表面越自由，内核越统一。例如谷歌公司，其办公环境被设计成充满创造力和自由精神的空间。员工可以在装饰多彩、风格各异的办公区域工作，甚至可以选择在带有滑梯和游戏机的放松区域进行头脑风暴。员工的工作时间和地点相对灵活，可以在咖啡厅式的休息区或户外阳台轻松讨论项目。

然而，在这种轻松和灵活的表面下，谷歌的运作严格依赖于精密的数字化流程。公司内部的一切活动，从项目管理到团队合作，都是通过先进的内部平台和工具进行统筹和协调的。这种数字化流程的运用不仅提高了工作效率，还促进了跨部门的沟通和协作。数字化流水线的大手可以在任何宽松的环境下触达员工，汇拢了分布于各处乃至世界各地的生产力。

（五）

数字化流程替代掉许多传统的管理场景，是数字化组织的一般模式。说客英语在数字化流程中使我们的服务人员可以根据学习者和教师的时间进行调整，使服务人员和营销人员可以根据平台用户的节奏，来重新安排自己的时间。作息时间并非"朝九晚五"，而是"以学习者为中心"，与他们形成最好的共生。这个看似简单的模式，在服务流程的设计上，就需要下很大的功夫。将教学行为以"特定地点为中心"转变为以"学习者为中心"，和学习者的时间保持一致，需要大量的数字化流程设计。

同样地，说客英语为了达到"以学习者为中心"的目标，需要创造真正地道的英语环境，目标是假设学习者有一天到国外，或者在国内做跨境业务，天然就是全球化的人，能够做无障碍的交流，拓展事业。在这样的流程设计里，就要打破了师资资源壁垒，借助互联网联通全球，将一批海外最专业、最地道的英语培训师融合到数字化流程中来，真正让学习者摆脱掉"中国式英语"。我们对平台流程"以学习者为中心"的目标还更"贪婪"一些，要使学生与专业外教互动时的服务费大大降下来，这在我们的数字化流程中确实实现了。

（六）

以学习者的时间为中心，让学习者在想学的时候学。这是我们数字化流程设计的一部分，而这些流程也回馈了我们。比如，经过不断的课程时间迭代，我们推出了短课程培训，每堂课仅 25 分钟，是一般课程时间的一半左右，既保证了学习效果，又不会让人望而却步。这个学习时长不是随便定的，而是由大量的平台数据迭代得出来的。

教师和学习者在数字教育平台的双向选择，这是说客英语的另一个特色。在数据基础上，我们发现学习者和自己喜爱的教师在一起学习交流的时候，效率是很高的。因此，我们就打破了传统教育的单一性限制的选择，让学员成为选择的主动方，学员可以根据自己的风格喜好有针对性地选择教师，在选择完成后，如果在听课过程中发现该教师依然不符合自己的定位，下次听课还可以继续选择适合的教师，直到找到与自己更契合的教师。为了保证系统学习，学员找到喜欢的教师后还可以固定教师。所有这些"以学习者为中心"的实现，都要在数字化流程设计方面花费巨大功夫。

（七）

对于说客英语项目，以上都是我们设计服务流程的细节，这些细节不是文本，而是在线教育系统的软件和智能部分，研发部门需要将执行的流程软件化并验证跑通。

数字化服务实践者会发现，数字化服务流程在细节上会一直处于更新的状态。客观来说，这种更新，能够建立移动着的竞争壁垒。

我和我们的团队说过，这个在线教育项目的存在，不是和学校的学科去竞争，那格局就小了。我们希望中国年青一代学习者在走出国门的时候，不是在肯德基里用英文点餐，也不是跟外国人问好，而是希望他们能够在世界各地用一口流利的英文和美国人、德国人、日本人、印度人抢生意，能够讨论学科论文，表达清楚系统框架，进行核心知识的直接传递。这是我们的目的，设计流程要将学习者导向这个方向，初心不同，结果必然不同。

六、数据反馈与智慧型组织构建

（一）

我们每个在网上搜索信息、购物或观看短视频的人，都在经历数字化组织的数据洞察。当你在某个应用或网站上，看到针对你个人喜好定制的广告，或者连续刷到几个与你兴趣相关的视频时，这些都不是人工操作的结果，而是服务器中的数字算法所做的事情。这些算法通过分析你的购物习惯、搜索记录、点赞、评论和浏览行为，不仅能准确捕捉到你的明确需求，甚至能挖掘出你自己尚未意识到的潜在需求，为你带来惊喜和满足感。全球范围内，在数据洞察和数据反馈方面表现出色的企业数不胜数。反过来看，那些我们不太常用或不那么喜欢的网络应用，很可能在这两方面的表现不尽如人意。

（二）

在本书中，我们不断强调服务业，尤其是高端服务业数字化的重要性，这一重点反映了数字化系统的核心逻辑。数字化远远超出了数字办公或数字营销的范畴，它的实质是基于大数据来重新塑造企业决策层和全体员工的洞察力。对于预测未来趋势和识别未被满足的市场需求的能力，是在竞争激烈的存量市场中取得胜利的关键。简而言之，数字化组织的核心可以概括为几个关键词：数据洞察、超越竞争对手、实现突破。

在青豆企业成立之初，大数据技术和理念掀起了一股热潮。在当时，几乎所有的媒体都在热议大数据,纷纷将其比喻为信息时代的"新石油"。在这场讨论中,很多人倾向于从金融和资产构建的角度来解读大数据的价值,探讨数据的商业潜力。然而,作为服务业的从业者,我们对大数据寄予的期望则更为实际和以客户为导向。我们希望通过大数据来增强我们的服务质量,深入挖掘并理解用户的深层次需求,以便提供更加精准、个性化的服务。这不仅是我们企业对大数据的看法,更是我们对服务提升的追求。

大数据带来聪明服务,这是我们对于企业数据的认知,也是我们流程设计的基点。

如何创立一个数字化服务型企业,最重要的核心思考,就是增强前端的数据分析和挖掘能力。对于企业的创始人来说,最重要的事情不是干起来和拼命干,而是能够发现真正没有被满足的需求。在我们这个时代,盲动主义者已经失去了价值创造能力。在总体上,数字化企业需要第一时间去做正确的事情。

(三)

在数字化组织中,我们应该重视哪些类型的资产?应该重视那些能够高效收集和处理大数据的资产,以及那些能提供深刻数据洞察和有效数据反馈的数字化流程资产。这些资产不仅涉及技术和系统,更关乎组织能力如何通过数据洞悉市场趋势、理解客户需求,并据此做出明智的战略决策。

企业的价值观和科学流程是其宝贵的资产,我坚信青豆集团的流程体系正是企业最应珍惜的财富。原因很明显,我们高效的服务流程在过去十多年中,即使在没有市场融资的情况下,也帮助我们持续保持盈利并实现了全球市场的扩张。这一切归功于我们出色的流程管理,它使我们成为了一个高效运转的聪明组织。

在"双减"期间，我们经历了行业环境的剧烈变化，但我们的企业却能够稳健应对，安然渡过难关。这主要得益于我们企业战略运营的连贯性和高效性。我们庞大的社区每天都产生海量的数据，这些数据经过系统的分析，使我们能够及时发现并解决问题，适时调整流程。正是因为这种不断的优化和迭代，当行业面临危机、许多教育培训企业不得不停业时，我们却发现自己已经安全渡过难关。

数据反馈为我们的团队提供了宝贵的指导，帮助我们区分哪些做法是可持续的，哪些则是不可持续的。我们坚持做那些可持续的事情，遵循经营的基本常识。

（四）

青豆集团的数字反馈系统不仅深入我们自身的服务流程中，而且每天都在收集和分析整个产业运营的大量数据和行为模式。这种开放式的数据收集使我们能够洞察竞争对手在市场竞争中的表现。我们注意到，一些友商在获得高达数亿美元的投资后，并没有构建系统性的战略能力，反而陷入了大规模的营销驱动模式。这种低效率的扩张方式，最终背离了行业的本质，变成了以业绩为核心，而非以学习者为中心的模式，这样的做法最终破坏了整个行业的健康发展氛围。

在这个高度透明的竞争环境中，数据的共享是相互的。就像我们在分析竞争对手和整个产业的信息一样，他们也在分析我们。然而，支撑我们实现可持续发展的，是我们坚守的价值观。我们看到了初期资本和后续资本投资者对利润的追求，许多竞争对手的经营团队积极响应这种需求，将一个稳重的行业转变为以流量为王的生意。我们在观察他们的同时，也在不断审视和调整自己的经营策略，以确保我们的发展方向，始终符合我们的价值观和行业的长期利益。

（五）

当下，许多创业者都热衷于构建数字智能化的组织模式。在与这些新一代创业者的交流中，我发现他们对数字技术有着深刻的理解。作为数字社会的"原住民"，他们天生就能深度洞察技术系统的价值。然而，对于企业的本质，尤其是企业价值观的实际意义，很多20多岁的创业者似乎还未能完全领会。对于创业者而言，这种缺乏深层次的认识，是一个潜在的致命弱点。这也是我萌生写书愿望的主要原因之一。

以我们从事的在线教育为例，北京师范大学现代教育技术研究所的余胜泉教授曾指出："我特别期待能出现一种既能颠覆传统教育、又能创造经济效益的公司。只有这样的公司才能真正实现基业长青，而不仅仅是对传统教育的简单模仿。"

企业的核心价值观应当是使客户变得更好。企业存在的价值，本质上是对当前市场缺陷的一种改良。我认为智慧型组织必须有自己的价值锚。理论上，由战略驱动的组织只能通过其价值观赚取利润，这不仅是企业坚守的原则，也是可持续发展观念的保障。

在业内，常常将企业分为两类：投机型企业和战略驱动型企业。战略驱动型企业是经过价值观过滤的。这类企业坚定地走自己选择的道路，不断自我优化，力求在特定市场上保持领先地位，并获得客户的认可。说客英语多年的努力，就是在这个领域持续耕耘的结果。

（六）

智慧型组织是智能时代的必然产物。以青豆集团的实践为例，其核心特征之一就是对学习者需求的深度关注。客户愿意与企业互动并反映问题，这是值得珍视的机会。华为的做法也体现了这一理念。正如其创始人任正非先生所示范的，华为不畏惧外界批评，反而欢迎有建设性的批评者参与，为华为提供洞见。这种开放的态度，有助于企业了解自身的不足，从而进行持续改进。

建立有效的数据正反馈闭环，对于企业而言，其重要性不亚于初创企业建立自己的现金流。在信息社会中，有价值的信息往往隐藏在海量数据之中，需要企业具备一种提炼精准信息的能力，像是在沙中寻找黄金。将大数据转化为有用的"精确小数据"，这些数据反馈成为设计数字化软件系统的关键参考点。构建数字化服务型企业的这些任务无人能代替，唯有企业的决策团队通过自身的洞察和觉悟来实现。

七、在场景之中实现无边界服务

（一）

《地球是平的》一书的作者托马斯·弗里德曼曾描述过这样一个场景：美国的信用卡违约者会接到带有印度口音的违约提醒电话，并可与之商定还款计划。这是因为美国银行将这些违约行为打包外包给了印度的企业，由它们的员工通过互联网提供催债服务。这样做的原因在于，美国银行无须支付给本土员工高昂的薪酬，而可以更有竞争力的成本聘请印度员工处理此事，这正是针对特定场景的数字化服务实例。

数字化服务业的一个特点是，部分资源具有地域性，而另一部分则没有。数字系统的任务就是将这两者统一起来，形成一个具有全球竞争力的闭环系统。

20年后，上述提到的银行借助数字智能技术，发展了自己的"数字员工"，并将约80%的场景外包给这些智能化数字助手，以帮助企业完成相应环节的服务。银行只需向这些智能机器人提供数据和语料，它们就能独立进行电话服务和反馈跟踪。难以由"数字员工"解决的少数问题，再由训练有素的印度员工远程处理。这种模式极大地降低了企业的运营成本。

"数字员工"不仅扮演服务执行者的角色，同时也是数据正反馈的提供者。在服务过程中，"数字员工"会为每个服务对象建立独立的数据库，这些数据库能够在整个金融和支付系统中通用。这实际上展示了"服务互联网"时代特定场景中数字化服务的演进过程。

（二）

在说客英语这个在线教育的具体场景中，我们利用数字化服务平台，成功地汇集了来自全球各地的英语教师，为全球范围内的学习者提供服务。通过我们系统的筛选机制，这些优选的教师，能够对学习者进行"一对一"的在线指导。在线教育作为一种深度知识传递型服务，其成功在于建立启发性的师徒关系，以实现更高效的学习成果。

在线教育领域的需求呈现出多样性。学习者的目的不一，从为考试取得高分，到学习日常对话，再到掌握跨文化商务交流技巧，或是深入跨文化科技研究和交流，需求千差万别。虽然外在看似统一的学习活动，实际上却隐藏着多达数十种的细分需求，这些需求都需要进行精准的匹配。这与目前"数字员工"在教育领域的应用形成了鲜明对比，特别是在处理这些个性化和细化需求方面。

对于说客英语而言，与"数字员工"的"竞争"，主要集中在一些基础级别的应用场景。我们认识到，有目标、有动机的学习者更倾向于寻找符合其个人需求的专属服务场景。这是我们对于数字化服务的新洞见：通过深入理解并满足这些细分的、个性化的需求，我们不仅提升了服务的质量，也加强了与学习者的联系，从而确保了我们服务的持续创新和发展。

（三）

在线教育的核心应该回归教育的本质，即将学习者置于中心位置，这涉及精细化和差异化需求的资源匹配过程。以说客英语为例，其提供的是一个学习场景，但这个场景具有显著的生长性和无边界特征，这是我们作为项目设计者事先未能完全预见的。"一对一"的交流和学习不仅是知识传递的过程，也是建立人际关系的过程。许多跨境业务的促成并非说客英语平台的初衷，然而多种衍生性的新场景却在这种生态化过程中自然产生，我们也乐于见到这种创新的火花。

这种高质量的学习模式不仅限于站在中国的角度看世界，更扩展到了站在世界的视角看中国，这是更为广阔的视野。

对于数字化服务领域的创业者来说，记住一点至关重要：我们所有的服务都基于特定需求，并围绕特定场景设计。在这个快速发展的数字时代，服务业不是静止不变，而是在不断进化的。在数字化服务平台和服务客户之间，双方都在进行快速的学习和相互的判断能力提升。我们需要重新思考和构建我们的业务模式。未来的数字化服务创业者需要深入思考如何实现人与技术的完美融合，并更深层次地洞察客户的内心世界。那些无法被机器替代的部分，正是我们企业继续服务客户的关键领域。

（四）

工业时代所构建的学校体系正处在高速崩溃的边缘。尽管表面来看似乎坚不可摧，但那些以绩效而非以学习者为中心的"企业体系"终将被淘汰，因为它们未能实现人才的最大化利用。

中国科学院院士戴汝为在其著作《社会智能科学》中提到，信息社会将引领人机结合的思维体系，这种体系将取代以个体为中心的旧有模式。戴院士认为，人脑与计算机都是信息处理工具，但它们各有所长：人脑擅长于积累经验和形象思维，而计算机则具备极快的处理速度。两者的完美结合，即分布式认知，能够超越个体认知的局限，使我们能够应对快节奏、海量信息、不确定性以及复杂性等挑战，超越人类个体认知的极限。

人机结合将使我们能够驾驭超越人类认知极限的复杂性和海量信息，推动认知能力的突破。服务的界限应被打破，实现无边界服务，确保学习者无论何时何地都能参与学习，选择最适合自己的路径。这就是在线教育未来的变革方向，一种更灵活、更个性化、更高效的学习方式。

八、数字化中台赋能

（一）

很多人并不清楚"中台"是什么，尽管他们在日常业务中频繁使用它。他们习惯将自己使用的中台系统称作"后台"。例如，对于淘宝卖家而言，他们主要依赖的后台管理系统是"千牛卖家中心"（简称"千牛"），并称之为自己的卖家后台。在千牛平台上，卖家能够执行各类操作，如发布、管理、编辑商品等。

千牛中台系统旨在提升卖家的能力，俗称"赋能"。据悉，"千牛"的名称灵感来源于《庄子·养生主》中的一句话："所解数千牛矣，而刀刃若新发于硎。"古时，皇帝随身携带的防身御刀也被称为"千牛刀"，寓意着锐利能斩千牛。采纳"千牛"作为名称，象征向商家提供一款强劲的赋能工具——每个商品都被视为一头能为卖家带来财富的"金牛"，而千牛平台则使卖家能够高效管理众多"金牛"，从而极大地增强了他们的商业实力。

（二）

在此前关于"超级工具"的讨论中，我曾抽象地介绍过中台系统，将它描述为数字化企业连接前台和后台的核心枢纽。中台提供数据、服务、流程的集中管理与优化。更直观地说，中台是面向 S2B 数字企业的关键平台。以淘宝为例，千百万卖家构成了前台矩阵，即"B 端"或俗称的"小 B"，而阿里巴巴则属于"S 端"。中台的主要作用是为 B 端赋能，S 端向 B 端提供支持，赋能的程度取决于 S 端即企业本身秉承的"良性共生""以 B 端为中心"的理念对中台的开发投入。

比如淘宝卖家使用的千牛中台极大地增强了他们的能力。这不仅体现在其强大的"卖家工作台"，提供商品管理、订单处理、客户服务等一站式解决方案，还包括消息中心（集成了阿里旺旺的聊天功能）、数据分析和精准营销工具、客服工具等。此外，千牛还为卖家提供了如商学院、生意经等服务，为 B 端提供商业策略和技巧培训，帮助卖家更好地管理和发展他们的业务。

（三）

对于 B 端用户而言，中台实际上是他们的"后台"，因为中台呈现给他们的内容，已经是他们在系统层级权限中所能接触到的最基础、最末端的部分了。从 B 端的视角出发，再往系统深层的东西是无法看到的，那些内容只有企业 S 端的员工才有权限接触。因此，"中台"只在 S 端员工的视野中才是"中台"，而在 B 端用户眼中只是"后台"。中台对 S 端而言是核心链接,而对 B 端则是最终接口。

例如,青豆集团旗下的说客英语品牌拥有不同级别的 B 端客户,包括一级和二级代理商、特许经销商、城市合伙人等。这些商家在日常工作中频繁使用公司提供的中台系统。他们中大部分人并不清楚自己实际上在使用的是中台,而认为自己在使用"后台"。

说客英语的强大中台是位于云端的服务器上的。每一天的白天、晚上甚至深夜,24 小时内中国和世界的不同 B 端——国内经销商和国内外基地英语教师——使用着不同的中台。他们打开说客英语的官网首页,进入各自的"后台"通道。比如英语教师使用 eClass,而经销商则使用其他中台组件,如经销商管理系统、CRM 系统等。

(四)

从我这个供应商的视角去看时,说客英语中台拥有六大关键特点和六大子系统。其六大特点分别是:技术赋能,通过技术重新分配教育资源,重塑教育价值;组织赋能,通过技术赋能,提升团队、经销商、教师的绩效和竞争力;服务 S2B 商业模式,即结合中台系统,实现低成本、高效率的运营;系统集成与独立运作,指的是中台包含六大独立系统,既能单独运作又能相互集成,持续迭代;标准化管理,即把标准化的服务流程内嵌于中台之中,提高运营效率;数据驱动,即使用数据分析来优化运营和管理。

而说客英语中台的六大子系统则包括:经销商管理系统,负责管理学员信息,经销商推广触达的用户自动归属于相应经销商,支持经销商约课上课动作;CRM 系统,经销商用于管理客户关系,在用户接触和服务中进行有效管理;eClass 上课系统,为欧美、菲律宾和中国教师提供在线教学平台,实现课堂监控,快速响应用户问题,支持课程迭代和用户体验提升等；教务系统，用于管理师资和教学资源，包括教师管理和结算系统；约课系统，便于学员和家长预约课程，以学生和家长为中心，优化运营管理；师生互评系统，收集师生之间的互动和评价，基于学员评价、续费率等数据进行优化。

（五）

从说客英语的智能中台可以看出，它连接了经销商、教师等B端接触学生的授课前台和企业的后台，是企业实现技术赋能、降本增效最强武器和超级工具。企业的数字化转型，不是为数字化而数字化，而是组织流程走在数字化流程之中，而中台包含了最重要的业务流程集。企业之间的竞争不再是简单的营销获客，而是更直接的内容和包括中台服务在内的"硬核竞争"。

数字化企业的核心业务之一，就是持续追求打造更强的中台，持续追求对它不断优化。正如领英创始人里德所说的"始终以做测试版的思维模式考虑问题"。里德自己也给数字化服务领域的服务者提供了一个方法论：既然我们的时代意味着"软件吞噬世界"，那么吞噬就是一个漫长的过程，在这个过程之中，需要将我们的事业看成一个不断优化的软件工程。始终保持一种软件开发大约只完成了85%的心理状态，不要满足，不要觉得完美，要以改进者的姿态，不断优化剩余部分，我们未来的机会和继续为客户做服务的价值，就在15%的潜在改良里。

第二章
创立利益相关者组织

一、组织强大的根本归为个体内驱力

（一）

曾经有那么一段时间，即便是那些从未踏足海底捞的人，也对其提供的非常规服务，以及对顾客体验的深度重视感到惊叹不已。

例如，当海底捞的员工注意到有顾客携带小孩时，他们往往会主动伸出援手，提供儿童座椅、玩具，甚至是临时的儿童看护服务，确保家长能够在用餐时更加轻松自在。在顾客等候用餐期间，他们会免费提供各式小吃、饮品，乃至小型娱乐设施和服务，比如棋盘游戏、书籍、美甲服务等，从而极大地丰富和提升了顾客的等待体验。庆祝生日或其他特殊场合时，他们会精心组织小型庆祝活动，比如唱生日歌、赠送小礼物或提供特制菜品，使顾客的用餐体验变得更为难忘。有时候，他们还会上演面点表演或其他表演艺术，为顾客带来娱乐的同时，展现他们非凡的技艺。此外，对于那些对服务或菜品有不满的顾客，海底捞的员工总能迅速响应，提供补偿或改进方案，如免费菜品或饮品。在寒冷的天气中，他们甚至会为外面等候的顾客提供暖宝宝、热茶，或是披肩，以确保每位顾客的舒适。总而言之，海底捞员工在服务中所展现的创造力和个性化特质，令人不禁赞叹于这家企业如何能够深度激发员工内心的自驱力。

（二）

数字化企业，凭借其独特的运作模式和市场环境，极为重视员工内驱力的培养和利用。这一策略的核心在于，数字化企业的本质和运营方式对创新性、灵活性以及迅速应对市场变化的能力提出了高标准的要求。因此，创新驱动的工作环境、对团队协作与员工自主性的强调、在激烈的行业竞争中保持员工满意度和留存率，以及适应灵活多变的工作文化等因素，共同塑造了对员工内驱力的高度重视。

特斯拉，这家被"外星人"马斯克带领的公司，始终强调员工的创新精神和解决问题的能力，推动了对现有技术和流程的持续改进。亚马逊则采用"双轨"管理系统，旨在激发员工提出创新想法，并提供实现这些想法的平台。而微软这家资深的软件巨头，通过灵活的工作安排和文化，支持员工的自主性和个人职业发展。阿里巴巴则通过实行灵活的工作制度和扁平化管理，加上定期举办的创新比赛和培训项目，有效地激发了员工的创新和创业精神。腾讯推广的"马拉松式"黑客精神，在员工中激发了创造力和团队合作。小米强调的"为发烧而生"文化，鼓励员工追求技术创新和产品完善，同时通过与用户的直接互动和反馈机制，激发员工的创新动力。字节跳动在推动内容创新和算法技术方面给予员工极大的自由度和创新空间，鼓励他们自主探索和实验新想法。世界上几乎所有知名数字化企业都通过各种机制和文化策略，努力地激发员工的内驱力，从而推动了公司的创新和持续发展。

（三）

数字化企业对员工和利益相关者内驱力的重视，源于多方面的促动因素。第一，行业的创新驱动性质使得这些企业必须在技术迅猛发展和市场竞争日益激烈的环境中不断创新，以维持其竞争力。第二，数字化时代市场和技术的快速变化，要求企业具备迅速适应变化的能力。第三，数字化企业通常倾向于采用扁平化的管理结构，这不仅强调了团队协作的重要性，也促进了员工的自主性。第四，面对激烈的人才竞争，员工满意度和留存率成为企业关注的重点，而重视员工的内驱力正是提高工作满意度和减少人才流失的有效途径。第五，数字化企业的创新性要求促使其提供更灵活的工作文化和环境，如支持远程工作和灵活的工作时间。

在这些促动因素的作用下，员工的内驱力显得尤为关键，它是维持生产力和效率的重要因素。这些促动因素共同塑造了数字化企业对内驱力的重视，成为其在动态市场中保持领先地位的关键。

（四）

在模式驱动方面，青豆集团致力于创新商业模式，旨在降低运营成本，实现更高效的管理和服务流程。在营销驱动方面，集团追求高投入产出比的营销策略，力求用更少的资源实现更大的效益。技术驱动上，青豆集团不断迭代业务支撑系统，利用先进技术提高各项业务的效率和效果。在用户驱动方面，集团坚持以学习者为中心，努力成为客户最信赖的国民教育品牌。而在价值驱动方面，则是"首重价值观"铁律的核心，追求为用户、合作伙伴、股东创造价值，秉承"成就他人即成就自己"的理念。"首重价值观"铁律汇同其他十二条更有针对性的铁律，不仅体现了青豆集团的战略方向和核心价值，还深刻影响了企业文化和员工行为，有效提升了全系统个体的内在自我驱动力，推动了集团的整体发展和进步。

二、一流的组织敢于直面名利

（一）

淘宝的核心生命力源自其众多的 B 端卖家。作为一个平台，淘宝主要扮演的是赋能者的角色，而不是直接介入市场竞争。其生存和发展的关键策略，或者说基本的商业思维，就是向 B 端提供充分的支持，真正将"名"和"利"毫无保留地交给 B 端。淘宝通过赋能 B 端获取更多的名誉与收益，以此吸引和留住 B 端商家，帮助他们成长和成功，进而间接提升淘宝平台的吸引力和市场地位。

遵循这一理念，淘宝为卖家提供了极大的支持。在"利"的方面，淘宝一开始就提出"永久免费"的口号，意味着卖家在平台上开店和销售商品无须承担任何费用，将"利"完全让渡给了 B 端商家。这与当时已进入中国市场的 eBay（易贝）形成鲜明对比，eBay 向卖家收取一定比例的上架费和交易费。而在数据洞察和市场分析方面，淘宝提供了一系列丰富的数据分析工具，协助商家洞察市场趋势和消费者需求，指导他们做出更加明智的决策，以提升市场竞争力。

在"名"的方面，淘宝对 B 端商家的支持同样显著。它通过多方面助力 B 端商家在"名"上取得成功，同时不与之争夺"名"。例如，在品牌建设方面，淘宝提供了各类工具和服务，帮助 B 端商家建立和提升品牌形象，包括个性化店铺装修、品牌故事展示等。在市场推广和提升可见度方面，淘宝借助各类营销活动和平台推广，增加了商家的曝光机会。特别是通过如"双十一""6·18"等大型促销活动，商家得以利用这些机遇提升品牌知名度和销售额。此外，用户评价和信誉系统在建立商家信誉和名声方面起到了关键作用，优秀的评价和高信誉度有助于吸引更多顾客。通过这些措施，淘宝在帮助B端商家提升"名"的方面做出了重要贡献。

（二）

许多数字化企业都像淘宝一样是平台类的企业。对于平台类企业而言，B端用户是其业务的生命之源，因此直面、承认和助力B端的名与利，不仅是道德信仰，更是生存之道。

B端是平台或类平台企业的生命之源，主要体现在以下四个方面。

一是收入来源。对于很多平台企业来说，B端用户（商家或其他商业实体）是其主要的收入来源。无论是通过销售服务、提供订阅，还是通过交易费用或广告费，B端用户的参与和消费是平台收入的关键。如阿里巴巴向企业用户收取会员费和交易佣金，百度和谷歌向企业用户提供广告服务而收费，亚马逊从B端商家收取交易费用和提供物流服务等。

二是市场动力。B端用户的活跃参与为平台提供了所需的市场动力。这些用户通过使用平台的服务或销售产品，为平台带来了内容、数据和交易，促进了平台的活力和吸引力。例如，在京东平台上，众多品牌和商家的加入丰富了商品种类，吸引了更多消费者。美团通过与各地餐厅和商户合作，不仅增加了平台的餐饮选择，还提升了整体的用户体验。再如滴滴出行，通过合作的司机为用户提供便捷的出行服务，从而加强了平台的市场份额和品牌影响力。

三是网络效应。平台企业往往依赖于网络效应来壮大自己的业务。随着越来越多的B端用户加入，平台变得更加有价值，因为它能为用户提供更多的资源、服务和机会。这种效应对于平台的长期成功至关重要。

四是创新和优化。B端用户的需求和反馈促使平台不断创新和优化其服务。为了满足这些用户不断变化的需求，平台必须不断改进和扩展其服务范围。例如，阿里巴巴通过增加云计算和大数据服务，帮助B端商家更好地分析市场趋势和消费者行为。腾讯的微信支付不断扩展其服务功能，包括小程序和商家营销工具，以更全面地服务商家和消费者。在美国，亚马逊通过推出AWS（亚马逊网络服务）不仅提供了基础的电子商务解决方案，还为B端用户提供了强大的云服务和数据分析能力。

（三）

青豆集团作为一个特别的平台企业，采用独特的S2B2C模式，其特色在于B端向C端提供的语言教学服务源自S端。青豆集团始终坚持向B端让利让名的原则。在利益方面，说客英语加盟项目具有两大优势：一是不与加盟商竞争直销市场；二是提供高比例的分成，常见的是六折进货价加上销量返利。一个典型例子是课时收入的分配。比如用户为25分钟的课程支付50元，其中40%到50%（取决于经销商等级和销量）归经销商所有。剩余的50%到60%用于支付中外教师的课时费（至少占总课时费的30%）和扣除运营成本（如员工工资），最终企业的净利润极为有限。

在数字化时代，一流的组织不再仅仅追求自身的利益最大化，而是重视与合作伙伴共同的长远关系。例如，青豆集团维护着庞大的利益相关者社区，包括数千名经销商，他们的成功对青豆集团至关重要。这种模式的核心在于共生和共赢：企业不是唯一的中心节点，而是众多节点中的一个重要部分。在服务业占主导的经济体中，企业需要在顶层设计中考虑到共生网络的构建，确保合作伙伴在名誉和实惠上都得到满足。这种对合作主体名利的关注，是传统的以制造业为主的企业所缺乏的，而对于以服务和客户维护为导向的现代企业来说，这是其成功的关键。

三、股东不再至上

（一）

青豆集团旗下的说客英语在广告投放方面相对保守。为什么？首先是资金有限，大规模投入广告会降低投资回报率；其次，更为关键的是，避免追求利益最大化的股东影响公司的发展方向，甚至危及企业的伦理和价值观。

在线教育行业近年来普遍面临着一个难题：缺乏资金，难以扩大规模；一旦引入资本，为了满足追求快速回报的股东，企业往往过度关注数据表现，从而扰乱正常的运营节奏。这种做法往往导致重心转移到市场扩张和快速占领市场份额上，而忽视了教育行业的根本——教学质量和产品的深化。结果，教育企业陷入了一个恶性循环，即不断增加广告投入和流量获取以维持运营，最终成为资本主导的牺牲品。

在线教育的本质应该回归到教育本身。当资本的追求与教育行业的本质需求相冲突时，受资本和自身扩张双重影响的教育平台很容易失去自我。在这样的压力下，平台可能会发生质变：从专注于内部发展转向对外部环境的焦虑，从关注用户体验转向迎合投资者和股东的需求，从重视教学质量转向着迷于数据增长……长此以往，教育平台的初衷和价值体系将被逐渐侵蚀，最终从一家坚守使命的教育机构沦为一家普通的、技巧性的互联网企业。

（二）

股东不再至上，不仅是青豆商业模式的必然选择，它其实是我们以及世界上许多数字企业经营理念的必然反映。在互联网时代，企业所面临的挑战不只局限于快速增长和赢利，更关键的是在追求经济效益的同时，如何坚守核心价值观、实现与各方利益相关者的良性共生，并达成共赢局面。

华为公司的发展历程提供了一个鲜明的例证。华为的分配模式旨在保证员工的富足生活，同时鼓励他们保持奋斗精神。公司将10%至15%的营业额用于研发，这部分投入是固定且不变的。剩余利润中，大部分被分配给员工，股东仅占少数。这样的分配策略旨在保证股东利益的同时，确保员工也能获得丰厚的回报，但又不至于让高管和老板成为巨富，避免因过度富裕而懈怠。

（三）

中国改革开放的前沿城市深圳，并不是一个产生许多大富豪的地方。这个现象的背后，是一种深植于当地企业文化的理念：将企业股份分配到整个产业链的上下游，而不是集中在个别人手中。深圳的企业家们通常不追求过多的个人股份，而是倾向于分享和共赢。

在这种文化下，万科创始人王石是一个典型的例子。尽管当时他在万科持有高达40%的股份，但他选择不保留这么多股份，而是将其分配给合作伙伴。这种做法后来成为他商业哲学的核心。尽管王石最终放弃了日常管理职务，成为名誉董事长，他仍然保持着年收入大约一千万元，同时享受着自己喜欢的生活方式。这其实是深圳流行的企业文化的一个显著特征：重视合作、共享和企业整体利益，而不是单纯的个人财富积累。这种文化在很大程度上塑造了深圳企业的特色，也影响了那里企业家的思维方式和行为。

（四）

在过去 20 年左右的时间里，在美国涌现了一类新型组织——共益式组织（B Corporation）。这种组织形式的核心理念是，创立企业的同时，确保上游、中游、下游的所有合作伙伴根据他们的贡献获得相应的利益。这不仅仅是一种新的商业伦理，更体现了一种新的分配观念，即每个参与者都应有权按其贡献获得公平的回报。

共益式组织的发展与互联网精神密切相关，标志着从专制型的组织向多中心和去中心化的组织结构的转变。这种转变反映了我们时代逻辑的根本改变。在这种新型组织中，"股东不再至上"不意味着不尊重股东利益，而是在追求盈利的同时，力求达到与所有利益相关方更公平、更平衡的分配。

从历史上看，美国公司并非一直强调股东利益至上。事实上，这一观念在 20 世纪 70 年代，随着新自由主义经济学和芝加哥经济学派的崛起而逐渐盛行。但在 21 世纪初，随着社会对企业责任和可持续性的关注增加，共益式组织应运而生，反映了对于更多元、更平衡的商业模式的追求。

共益式组织的兴起证明了在互联网时代，一个组织的成功不再仅仅依赖于股东价值的最大化，更在于它如何在追求盈利的同时，实现社会责任和环境可持续性，以及与所有利益相关方的良性互动。

（五）

我们可以预见，一种新型的组织形态将在接下来的 30 年内逐渐成型。在这种组织中，个人的价值和贡献将通过更精确、客观的方式来评估和奖励。这一理念与区块链技术背后的思想相呼应，为未来的组织结构提供了新的视角。在这样的数字化组织中，每个人的工作贡献将能够通过数据分析得到准确评价。这意味着工作量、工作质量以及同事对个人工作的评价，都将成为构成这种评价机制的关键因素。这种方式将确保每个人根据其真实贡献获得相应的回报，从而避免了传统评价体系中可能导致的"老实人吃亏"现象。

未来的组织将更像是一个"贡献者社区"，尤其在服务领域，这种模式将逐渐取代传统的公司结构。这标志着一个新的趋势：个人的价值和贡献将以更公平、更科学的方式得到认可和奖赏，而组织的成功则建立在每个成员的共同努力和合作上。这种新型"股东不再至上"组织，将更加公正、高效，更能反映和适应未来社会的需求。

四、矩阵式驱动S2B模式

（一）

淘宝网采用的S2B矩阵驱动商业模式，是电子商务领域的典型代表。在这个模式中，S端即平台本身，扮演着核心驱动力的角色，提供基础设施、交易处理、数据分析、市场推广等服务，以支持和促进B端即众多商家的运营。淘宝上的商家呈矩阵式分布，每个商家都相对独立地运营着自己的店铺，同时依赖于淘宝提供的各种服务和工具。

这种模式下，平台不直接参与商品的买卖，而是通过提供一个全面的电商生态环境，使商家能够接触到广泛的消费者群体。淘宝平台通过其强大的搜索引擎、推荐算法和广告系统，将商家的商品有效地展示给潜在的买家。同时，平台还提供各种数据分析工具，帮助商家优化其销售策略和运营效率。在这个矩阵式的商业模式中，每个商家都是一个独立的节点，相互之间既有竞争也有合作，而平台则通过整合和优化这些节点来提升整体的市场效能。通过这种方式，淘宝网实现了商家（B端）的多样化和广泛化，同时保持了平台（S端）的中心地位和驱动力。

（二）

S2B（Service to Business）是随着电子商务和网络平台业务的发展逐渐形成的一种商业策略。这种模式主要强调服务提供商（S端）为商业用户（B端）提供服务，包括技术支持、销售平台、市场推广等。

S2B商业模式在中国的普及和发展，得益于一些关键人物的深入研究和推广。曾鸣，阿里巴巴集团的高管兼著名管理学者，在阐释和推动S2B模式方面做出了显著贡献。在他的理论中，S2B模式中的"S"，指的是一个广泛的供应平台，旨在更有效地赋能在全国甚至全世界呈矩阵分布的众多的小型企业（许多人称之为"小B"）。这个平台不仅需要确保服务质量和流程效率，更关键的是要让小型企业自由地发挥它们接近客户的优势，将人的创造力与系统网络的潜能巧妙结合。

曾鸣强调，大型平台（S端）并不直接为小型企业（"小B"）提供流量保障或生存保障，而是提供必要的后端支持。这要求小型企业自行寻找流量，有时甚至需要寻找那些自带流量的小型企业。在多样化的网络平台上，每个小型企业都有自己的小型网络和社群圈子。它们可以利用自身的互联网工具影响一部分人群。关键在于如何使这些小型企业充分利用它们自带的流量，发挥自主能力，从而形成一种全新的驱动力。这种模式为传统的商业模式带来了颠覆性的创新，开启了数字经济新纪元的大门。

（三）

在S2B的商业模式中，S端对B端的赋能或驱动是呈矩阵式传导到各处的小 B 的，呈一对多的驱动方式。

以青豆集团说客英语为例，通过其创新的 S2B 模式，即发展加盟商（B 端）以开设线下门店的形式，成功建立了自己的渠道网络生态系统。这一策略有效地解决了行业中流量获取成本高昂和个性化服务难以实施的难题。说客英语在发展的 10 年里，并未依赖外部融资，而是自力更生地发展了超过 8000 个各类加盟商。与常规在线语言培训机构大规模的广告投放不同，说客英语采取了零直销、零投放的渠道策略，有效地吸引了大量英语学习的先锋人群成为说客英语的合伙人，同时积极拓展代理商和战略合作伙伴。多年的发展和沉淀使得说客英语构建了一个全方位的渠道分销体系。

（四）

说客英语通过其 S2B 模式成功构建了一个涵盖全国 8000 多个小 B 端加盟商的网络，这不仅是其企业运营的核心基础，更是其生存资本。这种模式中的共生式创业特点非常显著，主要体现在说客英语与这些小 B 端之间的互利关系。这些小 B 端加盟商不仅负责管理着 100 万多名学习者用户，形成了高效的运营机制，而且因为说客英语将大部分利益让渡给他们，所以这些小 B 端与说客英语之间形成了紧密的合作共赢关系。

说客英语实施的 S2B 模式，本质上是一种根本性的商业战略转变，它是一次渠道革新，是战略性的商业布局。该模式颠覆了传统的以教师为中心的 B2C 教育模式，说客英语专注于提供服务（S），而非直接面向消费者（C）。这种模式将 S 端和 B 端的优势融合，形成了一个互利共生的体系。这种共生关系基于利益的重新分配，构成了青豆集团和说客英语的顶层战略架构。

与其他在线教育企业不同，许多同行依赖于在全国各地开设分支机构,并大量招聘营销人员作为中介服务于学生和家长,构建端到端的个人服务体系。这种模式存在的主要问题是其驱动成本极高,往往需要投入巨额资金去争夺市场和客户。相比之下,说客英语通过与小B端的利益共生,成功超越了其他竞争者通过高额投资争夺市场份额的模式。这种共生机制不仅降低了运营成本,还加强了与加盟商的联系,创造了一个更为稳固和可持续发展的商业生态。

五、一种混合的S2B2C模式

(一)

青豆集团定位于打造一家智能教育解决方案的上市公司。我们的愿景是建立一个无围墙的空中超级学校,它基于建构主义的教育理念,以学习者为中心搭建教学场景,其中包括教师、学生、班主任和服务人员等所有参与者,能够在这个平台上实现充分的沟通、交流和协作。这一愿景目标,是青豆探索和打造创新商业模式的基础。

在这一过程中,我们形成了3个鲜明的标签。第一,我们是在线英语教育领域的商业模式创新者,成功实施了一种混合型的S2B2C模式,其中S端虽然是最终服务的提供者,却不直接面向消费者(C),而是专注于商业用户(B)。这与我们的竞争对手主要采用的B2C模式不同,他们往往难以实现高效的S2B模式。第二,说客英语自创业以来,未依赖外部融资,凭借强大的自我造血能力,运营轻资产且保持健康的现金流。这个标签其实是我们原初愿景的一部分,却凭借着S2B2C的商业模式实现了,这一点与众多依赖重资金注入的在线教育对手形成鲜明对比。第三，我们非常重视数字化建设，进行持续投入研发，保证中台系统的持续迭代升级，平均每月两次。我经常强调，要想降低学习成本，提高学习效率，关键在于技术的应用，因为科技是第一生产力，这在教育领域同样适用。

（二）

S2B2C 模式是一个供应链创新模型，它连接供应商（Supplier）、企业（Business）和消费者（Customer），旨在通过企业平台来整合上游供应商的资源，再将这些资源和服务高效地传递给最终消费者。图 4 就是一幅展示青豆集团采用的 S2B2C 商业模式及其发展方向的概念图。

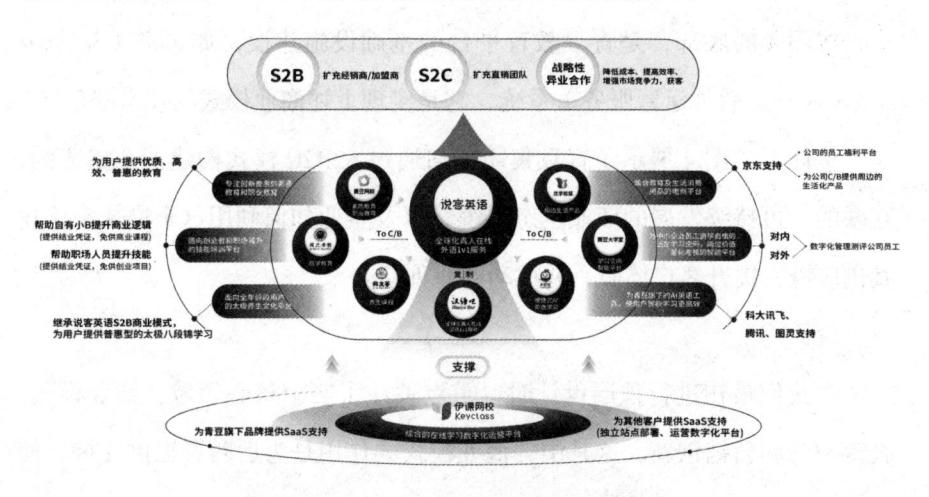

图4　青豆集团S2B2C模式及其未来发展方向概念

从图 4 中我们可以看出，这个模式分为几个主要部分：在供应链环节（S2B）这个环节，企业作为中间平台，连接供应商和服务提供者，优化产品和服务供给，提升效率和质量；在商业运营环节（B2C），企业将产品和服务提供给消费者，同时注重顾客体验和满意度，强化品牌价值和市场竞争力；在共生发展阶段，企业不仅仅是产品和服务的提供者，更是一个生态系统的构建者，通过整合不同方的资源和能力，创造一个良性循环和共生发展的环境。

图 4 中还展示了七个关键的操作和管理要素。一是价值共创。强调企业与供应商和消费者之间的合作关系，共同创造价值。二是个性化服务。提供定制化的服务以满足消费者的个性化需求。三是数字化转型。借助数字技术优化业务流程，提高运营效率和客户互动。四是平台协同。构建平台生态，实现资源共享和协同工作，以提高整体效益。五是服务创新。通过新的服务模型和技术，不断创新以满足市场和客户的需求。六是持续学习与发展。企业文化强调持续学习和适应变化，以支持长期发展。七是战略定位。清晰的战略定位，明确企业的发展方向和市场定位。

在图 4 的底部，是青豆教育平台的基础设施建设，如 SaaS（Software as a Service，软件运营服务）系统，它是实现上述商业模式的技术基础。

整体上，图 4 展示了青豆集团如何通过 S2B2C 模式构建一个集成的、互联的、可持续发展的商业生态系统，以及企业如何利用这个模式来优化其供应链，提升客户体验，并推动商业创新。

（三）

在我们最初进行顶层设计时，重点关注了三个核心领域：商业模式、教育理念和营销创新。这其中，商业模式的作用是为后两者提供支持，使我们以建构主义为核心的学习者中心的教育理念得以实现，并通过 S2B2C 的商业模式推动获客、推广和营销的创新。

在商业模式的构建上，我们从最初的基本目标、想法和原则出发，坚持三个关键点。第一，我们的模式必须与竞争对手截然不同，避免盲目跟随；第二，该模式应便于整合和利用各种营销资源，方法是分享利益；第三，我们必须全面拥抱数字化，利用技术推动成本降低和效率提升，从而在成本上远超竞争对手。

我们采用了 S2B2C 的商业模式也是因为机缘和创新。S2B 模式是从阿里巴巴曾鸣那里知道的，即大平台对小 B 端。这些小 B 端应是自带流量和销售网络的经销商。一旦确定了这一模式，我们发现它特别适合用于教育领域，因为教育本身就是一个获客成本高的行业，而小 B 端能解决客户获取问题，实现了我们营销创新的目标。此外，小 B 端能提供本地化服务，这对教育尤为重要。

在 S2B2C 模式中，我们的角色是对小 B 端进行全方位的赋能，提供平台、品牌和服务的全面支持。小 B 端担任我们的课程顾问和学习顾问，而所有线上的面向 C 端学习的教学交互都由我们总部提供。

（四）

青豆集团的实践表明，S2B2C 商业模式是实现在线教育行业战略目标和愿景的成功途径与方法。这种模式并非空想的产物，而是基于明确的愿景和目标逆向推演、选择和创新混合而来的。通过 10 余年来不断的实践探索和持续迭代，这一商业模式已经逐渐成熟，被时间证明是适合于当代在线教育的商业模式。

六、善待伙伴是服务业的基础伦理

（一）

服务业的核心在于在过程中提供有价值的服务，这意味着企业从价值观上天然具备善待顾客的基因。这种基因通常体现在公司的文化、愿景、理念和信条中，并通过内部员工或外部经销商、服务商等合作伙伴传达给最终用户。在这一服务链条上的每个成员，包括顾客，都成了重要的合作伙伴。将顾客视为伙伴而非仅仅是消费者，是服务业强调的经营理念。善意通过顾客的口碑传播，使他们不知不觉成为企业价值创造的一部分。

由于这一价值观传递链条的存在，我们常见许多公司极为善待员工。这种善待不仅仅是出于对员工的关怀，更是一种通过员工将善意传递给客户的策略。同理，企业也同样善待外部合作伙伴，目的是将企业的价值观通过这一关键环节传递到最终用户。因此，在服务行业中，员工和外部合作伙伴与企业价值观的一致性被高度重视，并常作为考核和决定合作关系的重要标准。

（二）

在服务业中，许多公司在善待员工方面的表现优秀，成为各自行业的标杆。例如，海底捞、胖东来、星巴克、赛富时、宜家和西南航空等，这些公司以其对员工的善待而闻名。

海底捞不仅为员工提供全面的职业培训和明确的职业晋升路径，而且还提供一系列综合员工福利，包括免费的三餐、住宿和带薪休假。此外，海底捞特别注重员工的个人生活，通过组织生日庆祝和家庭聚会等活动来关怀员工。公司倡导的"以顾客为中心"的服务文化激励员工提供超越顾客期望的服务，进而增强顾客的满意度和对品牌的忠诚。

胖东来通过鼓励员工参与管理决策，让他们感受到自己是企业不可或缺的一部分。公司还实行利润分享计划和激励机制，使员工能够直接分享公司的成功。此外，胖东来为员工提供丰富的发展机会，包括专业培训和职业发展路径，从而促进员工的个人和职业成长。

国外公司中，星巴克提供了"咖啡大学"等全面的员工培训项目，并为员工提供包括健康保险、股票购买计划在内的福利，即使是兼职员工也能享受。此外，星巴克还实施了"伙伴关怀计划"，为员工在个人生活中遇到的困难提供援助。

赛富时是一个以员工满意度和企业社会责任著称的公司。它提供了广泛的员工福利，包括健康保险、灵活的工作安排和丰厚的带薪休假。赛富时还推行了 1-1-1 模式，即将公司 1% 的产品、1% 的股权和 1% 的员工时间投入社区服务中。

西南航空以其对员工的关怀而闻名。公司文化强调员工满意度，认为只有快乐的员工才能创造快乐的客户。西南航空还提供全面的员工福利，包括利润分享和员工股票购买计划。

（三）

许多服务型公司通过与外部合作伙伴的共赢合作，不仅提升了自身的社会责任和可持续性，也帮助供应商实现了更好的经营和环境表现。

苹果公司对其供应链伙伴实施严格的责任供应商标准，确保合作伙伴遵守劳工和环境标准。联合利华通过其可持续生活计划与供应商合作，推动环境保护和社会责任。宝洁公司与供应商建立了长期稳定的合作关系，并在其供应链中推动社会责任和可持续发展，其供应商评估程序包括环境保护、社会责任和业务道德。希尔顿酒店通过其全球可持续采购政策，与供应商合作以减少环境影响并推动社会责任，同时还倡导包容性采购，支持小型和多元化的供应商。宜家公司不仅对供应商的环境和社会表现有严格要求，还通过长期合作关系支持供应商的持续发展，如提供技术和管理方面的支持。

（四）

青豆集团及旗下的说客英语，始终秉持着创新、高效、利他、诚实和正直等核心价值观，其中利他主义在公司的价值观中占据着中心地位。公司的运营和服务始终以客户为核心,深入实施善待伙伴的原则,使用户完全沉浸在构建主义的环境中,可以自选教师、学习时间和学习内容,还可以评价教师的教学,并向经销商和公司提出从软件到流程等各方面的改进反馈。说客英语不仅将英语学习者视为用户,更将他们视为重要的合作伙伴。公司现有8000多人的代理商和合作伙伴中,有一半是由这些老用户转化而来,这些从用户转化而来的伙伴,凭借对产品的深刻了解和丰富的学习经验,不仅为自己创造了物质价值,还能向新用户分享宝贵的经验。

公司的愿景是成为家长最信赖的国民教育品牌。这一愿景的实现不仅基于提供高质量的教育服务,还依赖于与合作伙伴的共赢合作。说客英语深知,在当今信息爆炸、知识迅速更新的时代,单靠传统的教育模式难以满足效率和公平性的要求。因此,公司积极拥抱科技,努力变革学习和认知方式,以适应时代的发展。

在线教育的未来商业形态,按照说客英语的理解,应该是产品迭代、品牌推广、销售策略和产品服务的综合整合。公司认识到单打独斗的局限性,因而积极链接生态伙伴、赋能渠道商,共同构建良性竞争的教育环境。通过以核心产品为切入点,整合产品链和媒体推广,实现品牌效应的多米诺式传播。

青豆集团深知,组织的最大红利在于价值观的统一。公司努力通过企业文化的引导和及时的奖惩制度,确保内外部伙伴都能共享这一价值观。公司明确指出,没有利他,企业就失去了存在的价值;没有创新,企业就失去了持续盈利的动力。公开评论是非,敢于表达真实观点,是公司鼓励的文化特征。这些管理方法论不仅提升了效率,更增强了与伙伴的信任和敬佩。

通过这些实践，说客英语将善待伙伴的理念转化为具体的行动和结果，从而在服务业中树立了标杆。

七、平台、中台和个体矩阵

（一）

从太空的宏观视角来看，说客英语的百万利益相关者组成了一张铺展于地球表面的巨大且充满活力的动态矩阵。在这个矩阵中，总部仅有的60余人在矩阵内超百万的人类个体节点中只占极微小的比例（不到0.6%），但他们却构成了这个庞大矩阵的核心。这并非因为他们个人的能力非凡，而是由于这些人尤其是程序员们每天不懈地进行编程和代码创新，为整个矩阵搭建起了强大的大脑——说客英语的平台和中台系统。这些系统不仅仅是矩阵的智能核心，还通过互联网物理或电磁波的神经通路，紧密地将全球范围内的说客英语共生社区中的每一个个体连接起来。说客英语强大的管理和协调能力，隐藏在平台和中台错综复杂的众多流程之中，使得整个矩阵就像一个活生生、充满活力的利益相关者社区，一个独立的生命体，内部充满无数离子式的振动，成千上万的人通过电脑、手机或平板，跨越平台和中台覆盖的虚拟空间，相互碰碰触角或发出声音，交换一些信息。

在说客英语的矩阵网络中，散布着一万多名教师，萤火虫般星星点点地闪烁着，在海外和国内各教师基地中逼仄的格子间里时明时暗地发出知识的光辉。在中国国内的大地上，8000多个经销商构成了这张网络的另一层，他们是加盟合作伙伴，连接着各个角落的桥梁，不断扩散着教育的影响力。更引人注目的大群体，是构成这个网络的上百万名学习者。他们遍布各个年龄段，从幼儿到成人，多元化的知识构成超越了所有中心化教师的能力，于是他们来到这片丰饶的社区中，每个人都可以根据自己的需求，在平台中自由地选择教师和学习时间，并下载和预习当天的电子教材，准备与他们最喜欢的英语教师互动，享受一小段学习和生命之旅。

（二）

在全球范围内，每一个网络生态体系都可以被视为一个由平台和中台紧密连接、组织和驱动的庞大个体矩阵。在这个矩阵中，平台的中后台以及中台本身扮演着技术和管理的关键枢纽角色，而前台则直接面向矩阵中的用户，实现与他们的互动和服务。

在这些网络生态体系中，有些专注于单一目的且具备高度专业性，而其他更为知名的平台则服务于更广泛的非专业用户群体。例如，微信、抖音、淘宝、拼多多、微博、推特（Twitter）、油管（YouTube）等平台，它们不仅仅服务于专业领域，而且覆盖了更多元化的用户需求和互动方式。无论是专业还是非专业的生态系统，它们都离不开平台和中台的有效组织和管理，这两者共同构成了其运行和发展的核心基石。

（三）

随着时间的推移，我们预期以利益相关者矩阵式集合为核心的组织形式将变得越来越普遍。无论是松散的还是严谨的结构，都将依赖于更多的平台和中台来实现那些在历史上难以想象的管理任务。这不仅是一个未来趋势的预示，而且揭示了一个更深层次的变化：不论是精密组织还是松散结构，它们的所有流程和生产线都将逐渐迁移到平台和中台上。最终，我们将会见证一个新的现实：无数大小不一的平台和中台构成了整个世界的运行基础，国家乃至整个世界都嵌在这些巨大的数字架构之中。在这个数字化的时代，平台和中台不仅塑造了一个个数字社区，还铸就了一个有序而复杂的数字世界。

八、让利益相关者参与利益分享

（一）

利益相关者组织的崛起与发展，紧随互联网的诞生和演进。这类组织有的自诞生之初便采取了这种模式（例如淘宝），而更多的则是从传统模式转型或进化而来。在当下，众多企业如小米、OPPO、苹果等手机厂商，自前些年就积极构建社区，将消费者转变为利益相关者，塑造自身为利益相关者组织。其实，这类组织的共同根源仍然是互联网，更确切地说，是互联网社区。让利益相关者参与利益分享的基本理念，也正是源于此。

自 1969 年互联网雏形 ARPANET 的首次成功消息传输，到 1971 年邮件列表（Mailing List）的诞生，再到 1978 年 CBBS 论坛的问世，以及 1979 年全球性分布式讨论新闻组系统（Usenet）的出现，直至 1988 年因特网中继聊天（Internet Relay Chat，IRC）的推出网络聊天协议……随着时间的推移，这些平台逐渐发展为我们今天所熟悉的多种网络社交形态，形成了当今多样的互联网社区模式。在这个过程中，平等共生、利益分享的互联网基因得以广泛传播。

互联网的出现，彻底改变了信息传播的方式，信息的获取和传播变得更为民主化，极大地促进了公民参与度，使得知识和经验的共享变得更加便捷和广泛。这一切，在很大程度上促进了利益相关者社区和组织的成长。

互联网的天然基因，如让利益相关者参与利益分享，已成为利益相关者组织的核心特征。在这样的组织中，各利益相关者共同参与决策过程，彼此间维持更高的透明度，并共同追求能够被所有人共享的价值，而不仅仅是股东或管理层的利益。通过与其他利益相关者建立并维护长期合作关系，促进组织的可持续发展和长期成功。

（二）

青豆集团在最初组织的顶层设计时，就继承了利益相关者组织的基因。对于青豆集团来说，利益分享不只是原则那么简单，它本质上是我们打破旧局面的工具，是我们商业模式创新的关键。我们实施了S2B模式，构建了利益相关者组织，但这并非仅仅出于理念。这个模式最初是为了解决在线教育传统商业模式中高昂的营销成本等问题，但最终，它使我们打破了传统商业模式的限制，真正成为一个彻底的利益相关者组织。没错，就像所有平台型公司一样，我们也必须彻底转变为一个利益相关者组织。

青豆集团不是因为一开始是利益相关者组织才让其他利益相关者参与利益分享，而是反过来，让利益相关者参与利益分享，才使青豆成为利益相关者组织。在当初创业时，面对融资不足等环境和条件的挑战，青豆不得不进行商业模式创新，采用S2B模式，必须让利给小B，才能借助小B的力量在商业模式上破局。

在实施利益分享的过程中，青豆集团并非单纯地放弃利益，而是通过共享利益来借力发展，整合资源。在说客英语项目中，首先是向用户让利，提供高性价比的产品。这种利益分享的结果之一是，在8000多经销商中，有一半是从用户转化而来。这不仅仅是因为产品优势，还因为经销商可以获得40%至50%的销售额度作为回报。同时,青豆集团在企业内部也实施了利益分享,例如全员持股计划。这些措施共同促进了青豆集团向利益相关者组织的转型。

(三)

利益相关者组织为何必须让利益相关者参与利益分享?首先,正是这种向合作伙伴让利的基因,催生了利益相关者组织的诞生;其次,一旦利益相关者组织形成,并营造出民主与共生的氛围和组织架构,这反过来又强制要求这些组织维持分享利益的基因。这就是说,不是利益相关组织催生了分享利益的基因,而是追求这种基因孕育了利益相关者组织。首先是这种基因、这种思想和理念的出现,才催生了利益相关者组织的演变。许多利益相关者组织是从那些以股东利益至上的组织中进化而来的。这种进化,首先是由观念触发的,促成了特定的利益相关者组织形态。因此,组织成员之间的利益分享,是其根本的基因。若这一基因丧失,那么利益相关者组织也将逐渐走向衰落和崩溃。

利益相关者组织之所以要求利益相关者共享利益,关键在于网络生态下权力已被送进了一个个小笼子。换句话说,在这种生态型组织中,权力从一开始就被限制在了笼子里。而这种权力的限制,主要源于每个人都拥有平等的发言权——"话语即权力"!正是这种发言权的平等,导致了权力被送进了"笼子"。

任何利益相关者组织,都对世界的民主进程做出了重大贡献。

(四)

在这个由互联网塑造的时代,我们见证了利益相关者组织的兴起与繁荣。正如青豆集团和其他先锋企业所展示的那样,利益分享已成为新时代商业模式的核心。未来,随着网络技术的不断发展和进步,利益相关者组织将变得更加普遍和重要。传统的以股东利益为中心的组织模式将逐渐被淘汰，取而代之的是更加注重合作、共享和共生的组织形式，利益相关者组织将成为主流，推动着社会向着更加公平、开放和民主的方向发展。网络技术将进一步赋能这一转变，让信息流动更自由，让每个人都能够在这个大型生态系统中发挥作用。在这个过程中，那些无法适应这种新的组织形式和价值观的传统企业，将不可避免地面临淘汰的命运。

第三章 在线教育引领认知革命

一、一切产业都是教育业

（一）

在多年操盘青豆集团在线教育的过程中，我深刻领悟到一点：教育业和医疗行业的根本目标，都是促使人变得更好。因此，在青豆在线教育，我们追求的不仅仅是为客户提供高性价比的语言培训和知识，更重要的是向他们传达我们的价值观：共生、利他和普惠。这些价值观不仅被深植于我们的企业文化和经营原则之中，还贯穿于我们8000多名经销商和数以万计的教师的日常工作中。通过他们，我们向世界展示了青豆集团致力于改善人们生活的愿景。这种影响不仅使我们的教师、经销商和各个年龄段的学习者受益，也让我们在商业成绩上超越了大多数竞争对手。

（二）

任何企业都拥有其独特的文化，不论其性质是积极的还是消极的，它们无一例外地体现了一种教育意义。这种文化不仅塑造了企业的身份，也指引着其成员的行为和决策。公司文化还会通过其员工传达到社会，使广大消费者和其他人受到公司文化的感染、影响和教育，起到潜移默化的教育大众的作用。

比如，苹果公司强调"创新、细节至上和追求完美"；亚马逊的文化核心是"以客户为中心、追求卓越和长期思维"；微软则以"赋能每个人和每个组织实现更多成就"作为其文化基石；而星巴克的文化则注重"人文关怀、真诚服务和社区责任",强调创造温馨的"第三空间"（家和工作场所之外的舒适空间），以及对员工（他们称之为"伙伴"）的尊重和培养。

在具体实践中，这些公司不仅通过自身的行为影响着员工，还通过产品和服务影响着社会大众。例如，苹果的细节追求和完美主义在其产品中得以体现，鼓励消费者追求高品质生活；亚马逊以客户为中心的理念提高了服务行业的标准，影响了消费者的期望值；微软的技术产品和服务不仅助力企业和个人成长，也鼓励社会大众拥抱技术和创新；星巴克的人文关怀和社区责任则体现在其每一家门店的氛围中，提倡的是一种关注社区、重视人际关系的生活方式。这些公司的文化不仅定义了它们的品牌形象，也在教育和影响着全球消费者，促进了社会价值观的形成和发展。

公司文化作为管理机制在20世纪70年代至80年代间开始兴起，并在90年代以后得到了更广泛的认可和应用，此后随着互联网的兴起和信息时代的到来，公司文化的重要性变得更加显著。企业开始认识到，为了吸引和留住人才，提高员工的工作满意度和忠诚度，强有力的公司文化是不可或缺的。

进入21世纪，随着社交媒体和透明度的增加，公司文化不仅影响员工，还影响消费者和社会对企业的看法。因此，现代企业不仅重视建立高效和积极的内部文化，还注重将这种文化传递给外部利益相关者，如客户、合作伙伴和公众。

在公司文化发展的过程中，企业实际上扮演着教育者的角色。通过内部培训、团队建设、领导力发展等活动，企业不断提升员工的专业能力和个人素质，同时还把公司文化传向社会，使更多人受到潜在影响。

(三)

教育已经不再局限于学校和教室,而是渗透到了我们生活的每一个角落。一切产业在本质上都是教育业。说客英语更不例外。我们不仅仅在打造一个在线教育平台,更致力于打造启发和引导学习者的工具,将他们变成更好的人。说客英语选择英语作为青豆集团的首个战略项目的原因在于,语言是社会交流的基础。在这个全球化的时代,人们需要超越地域限制,成为全球公民,而英语正是这个时代的"超级工具"。一个拥有正面价值观的企业,能够为社会带来正能量。家长和年轻学习者在这里不仅学习语言,更获得了一种全面的教育体验。无论是在线教育还是其他行业,我们的最终目标,都是通过我们的产品和服务,教育和提升人们,为社会的进步和发展做出贡献。

二、极致的O2O生态构建

(一)

在当前的教育培训行业中,追求极致的O2O(线上到线下)生态构建已成为一种趋势,这让我倍感欣慰。作为青豆集团的创始人,我自豪地看到,我们的企业在这一领域走在了行业前沿。自2012年起步至今,我们始终坚持O2O模式,而这一策略在当时并不被行业广泛认可。然而,如今我们的许多同行开始效仿我们的模式,从在线英语教师到学生的O2O平台,再到经销商中台的O2O实施,我们的创新商业模式正被广泛采纳。回首创业初期的种种质疑和挑战,我更加确信我们当初的选择是正确的。我们的坚持不仅为青豆集团铺就了成功之路,也为整个行业的转型提供了宝贵的参考。

(二)

什么是O2O模式?这是一个我们日常生活中经常遇到的商业模式,如美团外卖、京东到家、滴滴出行和盒马鲜生等服务。O2O即"线上到线下"模式,是一种将网络的便捷资源和服务与实体运营紧密结合的商业模式。它主要通过网络平台吸引消费者,进而引导他们到线下实体店进行消费体验,或者通过线上服务增强线下的体验效果。

举例来说,美团外卖让用户可以通过移动应用轻松点餐,线下的餐厅负责制作并配送至顾客手中。京东到家则利用线上平台接单,从最近的超市或便利店挑选并配送商品。滴滴出行则通过应用连接司机与乘客,实现线上预订与线下出行的无缝对接。而盒马鲜生更是将O2O模式发挥到极致,顾客既可以在店内选购,也可以线上下单,享受快速配送服务。

O2O模式良好的线上线下资源整合,能极大提升消费者的服务体验。而那些在O2O模式上不断探索和创新的企业,无疑是在商业模式创新上谋求领先。

(三)

在探索英语在线教育行业如何实现极致的O2O生态构建时,我们不妨先了解最佳的语言学习环境——母语学习。心理学家将这种学习方式定义为"建构主义"或"沉浸式学习环境"。少年儿童在成长过程中,他们不是被动地接受教育,而是通过观察周围人的对话、模仿他们的语言、与家人互动以及日常生活中的实际使用,自然而然地学习语言。他们通过玩耍、交流和生活体验,逐渐构建起对语言的理解和使用能力。

类似地,在"沉浸式"学习环境中,如一位母语为英语的教师,在非英语国家的课堂上只使用英语进行教学，这种方法迫使学生通过观察、模仿和直接实践来理解和学习英语，杜绝母语干扰，即使学生们最初对英语一无所知。这种沉浸式学习环境有效地模仿了儿童学习母语的自然过程，使学生能够更快地适应并掌握新语言。学生通过依靠非语言线索（如肢体语言、表情和环境）来理解和使用英语，从而加速了他们语言能力的提升。

因此，建构主义的英语学习环境被认为是目前最高效和极致的学习环境，它强调学习者通过主动探索和互动来构建知识。基于这一理念，线上O2O英语教育的目标同样应该是追求极致的建构主义学习环境，在其中学习者能够通过互动和实践来积极构建自己的语言能力。

（四）

如何在英语在线教育中追求极致的O2O学习生态？说客英语团队的答案是，将以学习者为中心的建构主义语言学习环境发展到极致。

具体而言，主要包括：第一，教师应为英语母语或主要语言使用者，且不必精通中文；第二，教学应侧重于教师与学生之间的"一对一"互动，而非单向灌输，并力求在课堂上尽量不使用汉语；第三，每次学习时长，应符合大多数人的最佳知识吸收时长，避免学习疲劳或厌学情绪；第四，学生能自由选择自己喜欢的教师，类似于他们在学习母语时选择与哪些朋友互动；第五，教师需具备出色的教学能力，能够根据学生的水平进行有效的对话互动；第六，学生可以预先选定课程教材，并通过线上轻松获取，以便预习和向教师指明学习重点，如超越课本内容、专业面试用语学习或日常沟通技巧等；第七，在极端情况下，教师也可使用学生的母语进行提示，尽管这种情况应尽量避免；第八，课程费用应对学生来说是可接受的，同时提供议价选项，以便学生根据不同的课时费用选择合适的教师；第九，学生可在课后对教师进行评价，这样的机制有助于提升所有教师的整体水平；第十，学生可自由安排学习时间，如早晨或晚上，以及每天学习的频次，如一次、两次或三次，每次可选择不同的教师和课程；第十一，授课工具需亲和、方便，可以是电脑、手机或平板，拥有友好且便利的教学界面，能展示课文、标注重点或进行涂鸦等操作。

（五）

我们非常自豪地宣布，说客英语的平台已经满足了以上所有的要求。我们的1万多名教师团队来自欧美各国、菲律宾和中国，每位教师都具备相应的语言资质，如 TESOL 证书。我们的学习时长经过多年的数据测试定为25分钟，这被证明是大多数人的最佳学习时长，既能高效学习，又便于利用碎片化时间。

在教学时间上，我们提供全时段的灵活性，无论是早晨、晚上还是周末，学生都能找到适合自己的学习时间。我们为学生提供了上万名教师的选择，而兼具班主任职责的本地化经销商，还能借助中台系统，根据学生的测评结果推荐最合适的教师。

在我们的教师团队中，有三分之一是中国教师。他们的教学水平丝毫不亚于外籍教师，同时更加了解中国的文化和语言习惯，这使得他们在教学中更得心应手。此外，我们的课程定价覆盖了广泛的范围，确保各种经济能力的家庭都能找到适合自己的课程。

说客英语的平台致力于为学生提供高效、个性化的学习体验，我们的每一项创新和努力，都是为了让语言学习变得更加轻松和愉快。

三、便宜到10%再思考

（一）

每一次技术或商业模式的重大创新，都伴随着商品或服务成本及价格的显著降低。举例来说，亚马逊借助其在线销售模式，大幅削减了传统零售的成本，从而使图书等商品的价格得以显著下降；特斯拉凭借其电动车技术的创新，不仅降低了传统燃油车的运行成本，也逐步减少了电动车的购置成本；SpaceX（美国的一家太空探索技术公司）通过其火箭重复使用技术、垂直整合的生产方式，以及创新的工程方法，显著降低了太空探索的成本，打破了传统单次使用火箭的高成本模式。再如，拼多多是通过其商业模式和技术应用的创新同步发展赢得了显著的竞争优势，它结合了社交电商模式，将购物与社交网络相融合，从而推动了商品价格的下降，直接连接制造商和消费者，有效省去了中间环节，进一步压缩了产品成本，重点攻占下沉市场，满足了价格敏感型用户的需求，并且利用大数据优化供应链管理，减少了库存积压和物流成本。因此，如果我们将这一规律反向应用，就会发现，要在竞争中通过成本和价格的大幅下降获得竞争优势，就必须追求技术或商业模式的深度创新，以此打破同技术同模式的同质化竞争。也就是说，若要创新商业模式，不妨先设想将产品或服务的价格降低到竞争对手的10%，然后再探索实现这一目标的商业模式。

（二）

在说客英语的发展历程中，我们始终坚持一个核心理念：商业竞争，就是要做得与众不同。或者说，就是在高维度上打击低维度的竞争对手。当我们进入一个市场领域时，首要的任务就是分析竞争对手的战略，并找出可以提升我们成本效率的路径。

我们的策略基于一个深刻的洞见：与其比竞争对手便宜10%来争夺市场，不如便宜到10%来彻底颠覆市场规则。这意味着，如果我们的价格是竞争对手的10%，同时仍能保持盈利，那我们就不是竞争者，而是市场的颠覆者。这正是我们从2013年至2014年创业之初的理念。我们通过在线教育平台，实现教师和学生在视频中直接互动学习，大大降低了教育成本。我们的课程价格仅为19元至30多元一节（25分钟），而传统的线下课程价格则高达200元至500元。这种巨大的价格差异展现了我们的竞争策略。重要的是，我们在实现价格大幅下降的同时，没有牺牲服务质量。我们只保持了适度的利润，并没有追求暴利。在商业模式、管理和其他方面的创新，使我们在极具竞争力的价格下仍然保持了服务质量。

例如，当我们的同行都在使用信息流广告加电话销售这一传统营销策略时，我第一个想到的是，这种方式成本太高，我们不能走这条老路。于是，我们选择了在全国范围内发展合伙人和经销商。这些经销商自带流量，能够实现信任状态的触达，大幅降低了我们的营销成本。

接下来，是中台的力量。我们致力于企业的数字化，这并非空谈。数字化的核心就是降低交易成本和运营成本。例如，尽管我们有遍布全球的师资力量，但我们的教务管理团队仅有30人，辅以我们的师资点评系统。相比之下，我们的同行往往需要几百名教务人员来支撑他们的教师团队。我们通过实时点评系统，实际上是让学生参与到教师管理中来，这大大降低了我们的管理成本。

　　此外，我们还将每个成本中心转变为利益中心。例如，我们最初有两个客服团队支撑客户服务，现在只有一个。这个客服团队不仅降低了我们的成本，而且通过销售课程和其他资源，去年还为我们创造了超过100万元的收入。我们的研发团队也在开发各种获取客户的工具和功能，甚至为公司创造了可观的收益。

　　另外，我们引入了让用户参与价值创造的概念。我们的很多经销商都是我们的老用户，他们在体验了我们的课程后，加入我们的生态系统中来。这不仅降低了我们的成本，而且增强了我们的市场影响力。我们的商业模式是S2B，即向经销商提供服务，他们能更好地了解本地市场，解决了获客和本地化服务的问题。我们对经销商的投入，产生了双倍的效果。比如，英语培训的本地化服务，我们通过经销商来实现，而不是单独招聘班主任。这样，我们不仅节约了成本，还保证了经销商的利润空间。

（三）

　　总体来说，我们的成功归结于商业模式的创新、数字化中台的降本增效，以及内部管理的高效运作。我们始终遵循一条原则：如果你的定价仅比竞争对手低10%，那么你只是在与他们"拼刺刀"。但如果你的价格能做到是竞争对手的10%仍能盈利，那你就不是竞争者，而是市场的颠覆者。这正是我们实践的"降价到10%再思考"商业模式。

四、以学习者为中心的价值流程

（一）

在 1997 年的苹果全球开发者大会上，回归不久的乔布斯面临着工程师们的普遍怀疑。在那个时期，尽管苹果已有了一定的成就，但许多人仍然认为这些成就主要是沃兹尼亚克的功劳，而乔布斯不过是一个善于销售的面孔。当时，苹果的一款名为 OpenDoc 的软件项目失败了，这进一步加深了人们对乔布斯的质疑。

在大会上，一位工程师抓住提问机会，直接向乔布斯发问，希望他能用 Java 编程语言作为例子，解释 OpenDoc 的意义。这个提问不仅是对乔布斯个人的挑战，也是对他管理哲学的质疑。

乔布斯静静地喝了口水，开始了他标志性的、长达 5 分钟的回应。他首先承认 OpenDoc 的功能肯定是有价值的，但他也坦承自己并不完全懂得其中的技术细节。他提出，虽然技术专家像提问者一样可以开发出令人印象深刻的 Demo（"原型"或"样稿"之意），但真正的挑战在于如何将这些技术融入更大的愿景中。例如，如何使一个产品每年能够创造出数十亿美元的销售额。

乔布斯强调，成功的关键在于从用户体验出发，而不是从技术本身出发。他坦言，在过去，他也犯过从技术出发的错误，但这些错误和失败让他深刻理解到，真正重要的是思考我们能为用户带来什么巨大利益，而不是单纯地依赖技术本身。他强调，苹果的战略和愿景始终是围绕着能为用户提供什么价值来构建的，而不是先有技术，再去寻找市场。

（二）

乔布斯展示的以用户需求和体验为起点的思维模式，正是结果经济或产品经济中的关键原则——创造真正的社会价值。服务经济，作为过程经济的一部分，也应当遵循这一准则，即从用户需求出发，以用户为中心，反向推导出商业模式的价值链或价值流程。这种方法不仅决定了所需的方式和技术，还塑造了整体的解决方案。青豆集团的说客英语就是在这样的理念指导下，重新在商业模式的宏观视角下设计和提供真正以用户为中心的在线英语学习服务。

2012年至2013年间，我们正致力于设计和探索符合这一理念的商业模式。我们首先从研究当时流行的在线教育模式和学习者的实际需求出发，我们发现，传统的在线教育模式存在明显的不足。那时的市场，特别是从2011年开始，已经有多个技术平台推行类似的在线教育项目，2016年更达到了"知识付费"模式的高峰。这些模式通常提供的是相对浅层的通识教育，往往由具有个人品牌的"全能"教师主导，但这种方式难以满足多层次、精细化的学习者需求。其核心设计是围绕在线授课教师构建的体系，即一门课程面向所有人销售，基于假设："我是优秀的教师，我有课程，学习者来购买我的课程。"这种模式的营销思维，是利用互联网和短视频时代的内容营销技术来吸引流量，依赖广泛的技术手段来吸引新用户，而不是着眼于学习者的持续成长。

这种商业模式，导致平台与学习者之间形成了一种来去自由的、非紧密耦合的关系，不符合构建主义教学方式，没有从学习者的需求出发，而是从教师的条件出发。我们从调研和建构主要的理论得来的认知是，只有与学习者建立深度的共生演进关系，才能让在线教育平台获得持久生命力。而传统模式则违背了数字化服务业"以学习者为中心"的原则，最终成为一种单纯的生意，而不是共益的生态。这种模式下，由于无法"让学习者赢"，无法为学习者提供最佳性价比的服务，平台就无法把早期的学习者转化为后来的合作者，从而无法形成稳定的服务结构。因此，我们明确了必须开始全新的价值链设计，真正以学习者为中心，打造一种与众不同的在线英语学习服务。

（三）

这一研究过程，为我们后续的商业模式和技术创新奠定了坚实的基础。在设计说客英语的价值流程时，我们首先深入了解目标学习者群体，发现他们的需求多样，年龄跨度从3岁到60岁甚至更高，英语水平从初学者到精通不等，学习风格和目标各异。我们确保服务的性价比符合高标准，旨在为学习者提供"一对一"的高水平沉浸式语言学习环境，同时考虑到各类学习者（包括许多是孩子的家长）的经济实力，提供多样的价格选择，以满足不同学习者的需求。此外，我们的价值流程还包括对市场趋势、技术进步和教育理论的持续跟踪，确保我们的服务能够不断进化和升级。

价值流程的核心部分，是其精心设计的运作机制。在这一阶段，青豆集团的说客英语利用收集到的信息，结合先进的教学方法和技术，为学习者、经销商（同时担当本地化服务的角色，如班主任）、全球的外籍和中国教师以及公司员工和管理者们打造一个基于数字化平台和中台的完整价值链流程。这一流程包括挑选合适的外教、设计符合学习者需求的课程内容，以及运用数字化技术和数据分析持续优化学习体验。

经过10多年的不懈努力，我们欣喜地看到，超过百万学习者通过说客英语获得了卓越的学习成果，这些成果不仅体现在语言技能的提升上，还包括对文化的理解、沟通技巧的增强和自信心的提升。此外，青豆集团通过持续的反馈和评估机制，确保学习成果与学习者的初衷和目标相匹配。

在整个价值流程的运行和优化过程中，青豆集团始终坚持以学习者为中心的原则。这意味着所有的决策和改进都围绕着提升学习者的体验和成果展开。这样的流程不仅使学习者获得实际的好处，也加强了说客英语在市场上的竞争力和品牌价值。

五、中台制胜，打造企业级能力复用平台

（一）

由于长期关注企业运营和技术创新，我深感在数字化企业里业务中台的重要性。我们已经知道，这里的中台，其实在很大程度上就是平常人眼里的"后台"，但更全面的中台概念是综合性和集成性的，它的作用不仅仅是提供一个管理界面，而且是构建一个能够支撑企业多个业务线、集成各种服务和数据的平台。这个平台可以提升企业的运营效率，加速新产品或服务的推出，以及更好地响应市场变化。

中台的发展历史，可以追溯到几十年前。随着计算机技术的普及和发展，企业开始尝试通过电子化手段来提升管理效率和业务运作。最初，这种尝试主要体现在 ERP（企业资源计划）系统的推广使用上。ERP 系统集成了企业的财务管理、人力资源、生产制造等核心业务流程，帮助企业实

现数据的集中管理和流程的自动化。

随着市场竞争的加剧和客户需求的日益多样化，CRM（客户关系管理）系统和SCM（供应链管理）系统应运而生。CRM系统聚焦于客户信息的收集和分析，帮助企业提升客户服务质量和市场营销效率。而SCM系统则关注于优化供应链流程，从采购、生产到销售环节，力求降低成本和提升响应速度。

进入21世纪，随着互联网技术的飞速发展和大数据时代的到来，企业信息化进程进入了一个新的阶段——全面中台战略的实施。这一战略不仅仅是技术层面的升级，更是企业管理思想和业务模式的革新。中台不再局限于单一的业务流程或功能模块，而是成为连接企业内部各个业务单元、集成数据和服务的核心平台。通过这样的中台，企业可以更加灵活地应对市场变化，快速实现业务创新和扩展。

（二）

作为数字化企业的管理者，我对中台的作用更有体会，它是企业发展强有力的工具，比如同类新项目不必从头再做中台，而是复用此前的中台或平台，所复用的不但是此前中台的能力，更重要的还包括复用此前的数据，比如客户数据等，而新项目所需要的改动也不多。

以阿里巴巴为例，它通过构建一个强大而灵活的中台系统，成功转型成为一个多元化的数字经济巨头。阿里巴巴最初以电商起家，然后开始复用中台能力，使其中台系统迭代成跨领域的技术和数据平台，不仅支撑着阿里巴巴庞大的电商网络，还延伸到了云计算、大数据分析、人工智能以及金融服务等众多领域。

在云计算方面，阿里巴巴的中台提供了强大的计算能力和数据存储服务，支持着数以万计企业和开发者的业务运作。在金融领域，阿里巴巴的中台则赋能了蚂蚁金服，提供包括支付、贷款、保险在内的全方位金融服务，这些服务不仅服务于 B 端客户，还深入 C 端市场。

这种跨界复用和技术上的创新，让阿里巴巴在各个市场中都占据了领先地位。它们不仅提升了自身业务的效率和规模，更为整个行业提供了创新的模式和思路。

再看京东。这家电商平台通过打造高效的物流中台，不仅提升了自身的物流效率，还将这一能力输出，为更多的企业提供服务。这种能力的复用，不仅为京东带来了新的收入来源，也极大提升了整个行业的物流效率。这种以中台为核心的思维方式，正是当下企业转型升级的关键。

（三）

在青豆集团的发展历程中，我深刻地感受到了中台不仅仅是技术上的革新，更是一种全新的商业模式和运营思维，是构建企业级能力复用平台的坚实基石。

以我们的核心项目说客英语为例，这个项目采用了混合的 S2B2C 模式，得益于我们全方位的企业平台，包括高效协调的前台、中台和后台。在这其中，中台的作用尤为关键。十多年来，我们以每月两次的频度不断迭代升级中台，这种持续的投入和创新，让说客英语在在线英语教育领域取得了显著成就。

随着中台的逐渐成熟，我们迅速启动了业务的扩展。青豆网校、闻兰书院、锦友会、汉语吧、小说客、青豆大学堂、优学松鼠等一系列项目相继诞生。特别是汉语吧，它几乎完全复制了说客英语的平台和中台——同样是"一对一"的语言教学服务，仅需调整界面文字即可。此外，我们的"伊课网校"项目，则为青豆集团旗下的多个品牌提供了全面的 SaaS 支持。

这一切，正是中台的强大之处。它不仅承载着企业的基因，而且一旦在某个领域（如在线英语教育）发展成熟，便可以轻松复制到其他同类垂直领域。这种发展和扩张的过程，宛如细胞分裂般的指数级增长，为我们青豆集团带来了前所未有的机遇和挑战。

正因如此，中台成为我们打造企业级能力复用平台的核心。它不仅仅是技术上的突破，更是一种商业和运营的革新。在这个快速变化的时代，中台策略让我们能够更加灵活、有效地应对市场的挑战，持续推动企业的成长与变革。

六、智能学习带来的平台进化机会

（一）

2023年以来，我们仿佛一步跨入了未来。这一切始于OpenAI公司（美国的一家人工智能公司）在2月推出的ChatGPT（也就是聊天GPT。GPT是英文"Generative Pre-trained Transformer"的缩写，翻译成中文就是"生成式预训练变换器"。在非正式场合，ChatGPT也可以称为"人工智能聊天机器人"），紧接着，全球及中国的语言大模型如雨后春笋般涌现。仿佛一夜之间，我们身边出现了许多不逊于普通人类智慧的"万事通"教师。在这场变革中，智能教育企业紧密跟进，将人工智能融入其服务流程。恍惚间似乎历经了几百年的发展才达到今天的成就，但其实智能学习模式仅发展了不到30年。

早期的智能学习模式可以追溯到20世纪90年代的计算机辅助教学，当时这种教学方式依靠简单的程序和有限的交互来辅助学习。随着技术的进步，尤其是人工智能和大数据技术的突破，智能学习开始步入一个新时代。21世纪初，随着互联网和移动设备的普及，在线教育平台开始兴起，如 Khan Academy（可汗学院）和 Coursera（在线教育）。这些平台利用数据分析和个性化算法，为学习者提供定制化的学习体验。从2010年开始，随着机器学习和自然语言处理技术的成熟，智能学习开始了真正意义上的个性化和智能化。

（二）

如果我们说，在不到30年的时间内，智能学习以狂飙突进的方式高速发展，很大程度上得益于智能学习平台的不断进化，那绝不是夸张的说法。

本质上，智能学习可以被描述为一种通过互联网、人工智能、大数据、云计算等先进技术增强的在线学习方式。这种学习方式不仅仅是将传统学习内容数字化，更关键是通过智能算法实现教学内容的个性化、实时反馈和学习效果的最大化。例如，通过数据分析技术，智能学习平台能够根据学生的在线答题和互动模式，快速调整教学策略和内容，以适应不同学生的学习风格和节奏。

然而，尽管人工智能在智能学习领域起着至关重要的作用，但在许多环节上，特别是现场教学服务的交付方面，还是依赖于非人工智能的手段。这包括由真人教师提供的面对面辅导、讲座和互动式讨论，这些环节往往需要真人教师的直接参与和人际互动的灵活性。例如，在线平台可以提供高质量的视频讲座和互动式模拟，但实际的问题解答、案例分析和项目指导常常需要真人教师的专业知识和即时反馈。在语言教学方面，虽然目前的大型语言模型人工智能如 ChatGPT 已经取得了显著进展，但它们仍然无法像真人教师那样与学生进行密集的现场互动。例如，在处理复杂的语言理解和产生自然语言反应方面，这些模型虽然能够提供基础的对话和翻译服务，但在理解学生的情绪、提供文化背景信息，以及处理复杂的语言细微差别方面，它们仍然存在局限性。真人教师能够根据学生的反应和情绪即时调整教学方法，提供个性化的教学策略，而这些是目前的人工智能技术还难以完全实现的。此外，真人教师在教授语言时能够引入丰富的文化元素和实际语境，这对于学习者理解语言在真实世界中的应用至关重要，而这些细节目前的人工智能还无法完全复现。因此，尽管人工智能在语言教学方面已取得显著进步，但它还未能完全替代真人教师在现场教学中的密集互动和深度教学。

（三）

智能学习企业普遍采用数字化平台模式，旨在构建一个集内容、技术、用户于一体的生态系统。这些企业在全球范围内不断演化，其中最显著的趋势之一是平台化。平台不仅仅是内容和技术的集合，更是一个动态的、能自我进化的生态系统。例如，Coursera 和 edX 等平台不断引入新的课程和学习工具，同时通过数据分析不断优化用户体验。在企业级市场，平台如 LinkedIn Learning（领英学习）和 Pluralsight（在线教育网站）通过提供专业技能培训，帮助企业和个人提升竞争力。

自青豆集团推出"说客英语"起，我们的智能学习平台一直处于不断的演化和服务扩展之中。作为一家对新兴技术高度敏感的企业，我们始终紧跟技术发展的脚步。近年来，尤其是在今年，我们加大了投入，全力将人工智能技术整合到我们的平台中。我们的目标是通过这一战略转型，显著提升学生的学习效率，并在此过程中大幅度降低学习成本。我们致力于利用人工智能的强大能力，为学习者带来更加个性化、高效和互动的学习体验，从而在教育技术领域继续保持领先。

（四）

教育技术专家、哈佛大学教授克里斯托弗·德德（Christopher Dede）对智能学习的发展表示看好。他指出，通过人工智能和先进技术的应用，智能学习不仅能够个性化学习内容，还能够提供实时反馈和适应性学习路径，从而革新传统教育方法。德德教授认为，这种技术的融合将引领教育领域的一个新时代，使学习更加高效和有针对性。

科技创新者和教育家萨尔曼·汗（Salman Khan）是可汗学院（Khan Academy）的创始人，对智能学习的影响持乐观态度。他强调，人工智能在提供个性化学习体验方面的潜力巨大，能够帮助学生根据自己的步伐和风格进行学习，这在传统的课堂设置中是难以实现的。萨尔曼·汗还认为，智能学习平台可以作为传统教学的有力补充，尤其是在远程教育和自我指导学习中发挥重要作用。

（五）

在未来几年内，人工智能预计将更加深入地融入智能学习平台，为这些平台带来质的飞跃。比如目前，已有一款名为 AI Pin 的全新人工智能设备已经走进我们的生活。它是基于大型语言模型构建的 AI 装置，重量轻盈，不到 100 克，设计上可以直接别在胸前。它的独特之处在于，能够通过投影显示结果，用户还可以通过语音和手势与之互动。这款设备被许多人誉为科幻电影中的个人助理，类似设备或更魔幻的人工智能设备将被集成到智能学习的平台应用之中，平台也要为之提供平滑的支持。

我们可以期待一个充满个性化、高效和智能化特点的未来学习场景：在线教育的屏幕另一端，与我们紧密互动的不再是真人教师，而是通过精准算法模拟的人工智能教师。想象一下，小学生和婴幼儿将拥有人工智能玩伴，这些玩伴不仅陪伴他们成长，还帮助他们学习语言和认识这个世界。

未来的智能设备，如 AI Pin 的后续版本，预计将拥有更加强大的功能。它们能共享用户的视野，甚至能够在现实环境中提供类似现场教学的体验。就像婴幼儿的妈妈一样，这些设备能教授用户识别和了解周围的事物，例如告诉成年学习者眼前事物的外语名称和相关的句子表达。

在这样的场景中，无论是在家中、学校里还是工作场所，学习者都能通过智能学习平台获得量身定制的学习内容和方式。这些平台将根据每个人的学习需求和进度，提供个性化的学习计划和互动体验，从而使学习过程更加高效、有趣且富有成效。这种智能化学习的未来，将是一个融合了技术和教育的全新世界。

七、普惠是未来数字教育业的基本伦理

（一）

慕课是"大规模在线开放课程"（Massive Open Online Courses，简称 MOOCs）的意思。这一模式的兴起反映了人类几千年来对教育普惠全人类的基本追求。想象一下，一个开放的在线平台，任何人，无论身在何处，都能接触到麻省理工学院、斯坦福大学、清华大学、北京大学等顶尖学府的课程。这不仅是知识传播的巨大飞跃，也是教育普惠理念的生动体现。

慕课的兴起始于 21 世纪初，当 Coursera、edX 和 Khan Academy 等平台纷纷涌现，它们通过提供免费或低成本的在线课程，打破了地理和经济的界限。在我国，同样陆续出现了很多慕课平台，其中一些最著名的平台有国家高等教育智慧教育平台、国家职业教育智慧教育平台等。青豆集团旗下同样有好几个慕课教育项目，如青豆网校、闻兰书院等。这些平台不仅吸引了成千上万的学习者，也得到了世界各地教育者的积极响应。慕课在线教育模式为人们提供了一种全新的学习方式，为教育的普惠化开拓了新路。

（二）

回到根本上说，是互联网的发展历程支撑起教育革命的。自20世纪90年代互联网商业化以来，它逐渐成为我们日常生活不可或缺的一部分。智能手机的普及更是加速了这一进程，使得任何人，只要有网络连接，就能访问到世界各地的信息和资源。互联网不仅改变了我们沟通和工作的方式，更为实现在线普惠教育提供了基础设施，使教育资源的获取不再受限于物理距离和经济条件。

然而，在线教育的普及也暴露了数字鸿沟的问题，即并非每个人都能轻松接入这些在线资源。在发展中国家，尽管互联网用户数量在不断增长，但许多地区的学生仍然难以获得稳定的网络连接和必要的学习设备。这种差距不仅存在于不同国家之间，也存在于同一国家内的不同社会经济群体之间。例如，很多低收入家庭的孩子无法负担高质量的数字学习资源的费用。这种差异不仅限制了他们接受教育的机会，也影响了他们未来的职业和生活前景。虽然数字教育开辟了广阔的天地，但如何缩小这种差距，确保每个人都能享受到高质量的教育资源，是未来数字教育不得不面对的挑战。

（三）

作为青豆集团的创始人，我深知在线教育的巨大潜力和社会责任。自

2012年公司成立之初，普惠教育便是我们的核心价值观和理念。当时，互联网行业充斥着追求短期利益和潮流的思潮，但我们坚持不同的观点：真正的互联网革命，应当使每一个人受益，而不仅仅是少数人。

我们注意到，尽管互联网为商品经济带来了变革，但它在很大程度上只让少数人受益，而使大多数人面临更激烈的竞争，甚至被边缘化。因此，从一开始，我们就坚信在线教育必须服务于全社会，而不仅仅是特定群体。

在众多教育项目中，我们首先选择了英语教育，于是便有了"说客英语"。我们之所以重视英语教育，是因为观察到中国经济的三大驱动力之一的出口，是对中小企业和普通人来说最为公平的竞争领域。外贸不受人际关系影响，只看产品质量和信用。正是外贸推动了南中国经济的快速发展。我们认为，如果贫困家庭的孩子不学习英语，他们只能局限于国内市场的竞争。但如果他们能说一口流利的英语，就能拥有全球视野。

我记得一位母亲曾经说过，她送孩子去美国，并非不认可中国，而是希望孩子既能站在中国看世界，也能站在美国看世界，拥有更广阔的眼界。这正是我们想为学生做的事情——打开他们的世界之窗。

在我们的经营理念中，普惠和共生始终是不可动摇的根基。我们的服务价格亲民，这从根本上体现了普惠思维。曾经有一段时间，我们在性价比上无可匹敌，但我们依然没有提高价格，就是为了让更多人，包括三线、四线城市和小镇的孩子们也能负担得起我们的教育服务。这就是我们的普惠教育理念，我们坚信，教育的真正价值在于能触及每一个人的生活，无论他们来自何方。

（四）

我很想向读者分享教育和科技界一些领袖的看法，这对我来说非常有启发。比如 Khan Academy 的创始人萨尔曼·可汗,他坚信在线教育能带来个性化和自主的学习体验,极大地提升教育质量。我也很认同这一点。同时,科技巨头比尔·盖茨提到技术在缩小教育差距方面扮演的关键角色,这让我深受触动。他们的见解不仅让我对当前形势有了更深的理解,也让我看到了一个更公平、更普惠的教育未来。

八、构建全球性学习之路

(一)

当我回首国际化教育的历史演进,不禁感慨万千。从19世纪末至20世纪初,国际化教育的概念刚刚开始萌芽,主要是在西方国家的大学中进行,涉及的是少数精英。这是一个探索性的开始,教育的界限还局限于国家边界内,但这已经为后来的教育全球化打下了基础。

到了20世纪50年代,特别是第二次世界大战后,国际教育开始迅速发展。各国间的文化交流日益频繁,国际学生的交换项目如雨后春笋般涌现。这一时期,国际教育不再是精英的专利,它开始逐渐进入普通人的视野。国际组织如联合国教科文组织(UNESCO)在这一阶段起到了极为重要的作用,推动了全球教育合作的深入发展。

然而,真正让我感到震撼的,是进入20世纪末,尤其是互联网时代后,国际化教育的变革。数字化技术的发展使得教育的形式和内涵都发生了翻天覆地的变化。在线学习平台的兴起,如 MOOC(慕课),让世界各地的学生都能够接触到世界顶级大学的课程。教育的个性化和协作学习模式的出现，打破了传统教育的束缚，让学习变得更加灵活和高效。

（二）

作为一个长期关注和参与国际教育的人，我深切感受到数字化时代对教育方式的革命性影响。它不仅改变了我们获取知识的方式，更重要的是，它极大地推动了教育资源的民主化，让更多人能够享受到优质的教育资源。

正是这样的历史背景和技术发展，激励着我和我们青豆集团，致力于构建中国人的全球学习之路。在青豆集团目前的基础上，我们接下来的发力方向已经非常明确。

首先，我们将深入探索各种在线学习平台和工具的应用，如 Coursera、Khan Academy 等。我们意识到，这些平台为中国学习者提供了前所未有的机会，使他们能够接触到全球范围内的优质教育资源。特别是，通过慕课（MOOC）平台，我们将能够为中国学生提供来自世界各地的顶尖教育资源。这包括但不限于美国的哈佛大学、麻省理工学院、斯坦福大学、加州大学伯克利分校，英国的牛津大学和剑桥大学，以及其他诸如新加坡国立大学、澳大利亚国立大学等全球知名学府的课程。我们的目标不仅是将这些全球顶尖大学的课程带给中国学生，更重要的是通过这些课程，让学生们能够接触到不同国家、不同文化的教育理念和知识体系。这样的学习体验，将极大地扩宽他们的视野，提高他们的跨文化理解和全球竞争力。通过将这些优质资源集成到我们的学习平台中，我们将致力于打造一个全方位、多元化的学习生态系统，让每一位学习者都能够在这个全球化的时代中找到适合自己的学习路径。同时，我们也在积极研究如何将 AI 教育软件、虚拟现实（VR）和增强现实（AR）等更为先进的技术应用于教育中，以提升学习体验的效率和趣味性。

此外，我们还将重点发展双语或多语学习项目。掌握英语和其他国际语言对于连接世界至关重要。因此，我们计划推出一系列双语教育项目，包括沉浸式学习和在线语言交换等，以帮助学习者提高他们的语言能力。

此外，国际学术合作与交流项目也是我们的关注重点。我们正在与多个国家的教育机构合作，发展学生和教师交换项目、国际研究合作等，以便中国学生和学者能够更好地融入全球学术社区。

为了培养具有全球视野的学习者，我们还计划将全球视角融入课程内容和教学方法中。我们将通过案例研究、国际新闻讨论、多文化背景下的团队合作等方式，促进学生对世界的理解和尊重。

全球公民教育是我们不可或缺的一部分。我们致力于培养学生对全球问题的理解、跨文化交流能力，以及对不同文化的尊重。我们相信，通过这些努力，我们不仅能够帮助中国学生接触全球优质教育资源，更能够培养出能够在全球舞台上发光发热的优秀人才。

（三）

以上是青豆集团未来的发展蓝图，我们坚信，通过这些努力，能够为构建中国人的全球学习之路贡献我们的力量。

在这个全球化的时代，教育不应有边界，知识的传递应该是自由和无限的。我们的目标，就是要为中国的学习者打造一个全球化的学习平台，让他们能够无障碍地接触到世界各地的教育资源，培养出真正具有国际视野的全球公民。

九、降低社会运行成本是在线教育的使命

(一)

在回顾教育行业的发展历程时,我不禁感叹于教育社会运行成本逐渐攀升的趋势,这一变化起源于社会教育的普及。回想起中世纪或中国封建时代,受教育是一种奢侈行为,通常仅限于贵族和富有家庭。那时的教育资源非常有限,集中在教堂、寺庙或私家书院。建筑简朴,教育手段也大多局限于口头讲授。由于受教育的人群较少,整体的社会运行成本远低于今日。教育内容更多聚焦于宗教、文学和哲学,而非今日我们所见的广泛科学和技术领域。这样的教育体系,虽对个别学习者而言可能成本颇高,但在社会整体层面上,其运行成本相对较低。

然而,进入现代,随着教育的普及,我们见证了传统教育体系的社会运行成本的显著提升。这并非仅仅缘于经济负担,而且涉及社会教育资源的分配、教学设施的建设和维护,以及师资力量的培养与流动等多方面。在教育资源方面,相较于在线教育来说,传统教育体系往往需要大量的物理空间,如校园、教室和实验室。这些设施的建设和维护需要巨额的资金投入。以普通的大学校园为例,除了基本的教学楼和办公室外,还需要图书馆、实验室、体育设施等,这些都是高昂的固定成本。

在教师队伍的建设与维护方面,社会付出的开销也非常大。优秀教师的培养需要时间和资源,而他们的职业发展、福利和待遇等,也构成了教

育运行的重要开支。在一些地区，由于师资不足或分布不均，还需要投入更多资源来吸引和保留教师。

在其他方面，如学生的交通、住宿、教材等费用同样不容忽视。对于远离家乡就读的学生来说，交通和住宿成本尤其成为家庭的重大经济负担。

此外，教材的更新与购买，虽然在教育总成本中所占比例不高，但对于许多家庭而言，依旧是一笔不小的支出。这些费用的累积，反映了传统教育模式下家庭所承担的经济压力。

传统教育下，教育体系还涉及大量的行政管理费用。学校的日常运营，如学生管理、设施维护、活动组织等，都需要人力和财力的投入。这些看似日常的管理活动，实则是维系教育体系正常运转的必要环节，但同样带来了不小的经济压力。

（二）

传统教育体系的高运行成本，既给政府和教育机构带来了巨大的财政压力，也间接加重了每一个家庭和学生的经济负担。正是这种经济压力，催生了在线教育行业的诞生和发展。线上教育作为降低传统教育社会运行成本的优选，其使命已经显而易见：它不仅承诺以更低的成本提供教育，还能通过技术手段，突破传统教育的地理和物理限制。

以英语教学为例，传统教育体制下，如果想请一个英语国家的外教来中国教学，成本是相当高昂的。这不仅包括外教的薪酬，还有签证、住宿、交通等多方面的费用。此外，由于地理和文化差异，寻找合适的外教并非易事，这进一步增加了筛选和培训的成本。而在线教育在这方面展现出显著的优势。通过网络平台，学生可以直接接触到来自英语国家的优秀教师，而这些教师可以在自己的国家远程教学，几乎不存在住宿和交通等费用。此外，网络教学的灵活性也大大降低了管理和运营成本，使得教育资源的利用更加高效。因此，在线教育不仅降低了教育的直接成本，也大大提升了教育资源的可获取性和效率。

（三）

不必过多罗列事实即可以清楚地看到，在线教育在当前教育领域的重要性。随着社会运行成本的不断上升，特别是在传统教育模式下，在线教育已经成为一种创新和必要的解决方案。它不仅应对了传统教育体系中的诸多挑战，如地理限制、经济负担和资源分配不均等问题，而且以其独特的优势，为广大学生和家庭提供了更加便捷、高效和经济的教育途径。

在线教育不仅是对传统教育方式的补充和完善，更是对教育本身的一种进步。它为我们展示了一种更为合理、平等和普惠的教育方式，确立了降低社会运行成本的新使命。未来，随着技术的发展和社会需求的变化，我们期待在线教育将继续演进，为全球教育事业做出更大的贡献。

第四章 数字化服务组织的管理方法论

一、建立数字化服务组织的总体游戏规则

（一）

亲爱的读者，本节我不揣冒昧，大胆总结一下在数字化时代，建立数字化服务组织的总体游戏规则。这些规则不仅适用于企业管理、运营和创新，也适用于比企业更大的组织，并影响着技术发展、组织文化和战略方向。

下面是这六大规则的概览：顺势者昌，逆势者亡；高维者昌，低维者亡；共生者昌，独生者亡；创新者昌，守旧者亡；拥抱技术者昌，抵制技术者亡；秉承理念者昌，追逐利益者亡。

（二）

规则一：顺势者昌，逆势者亡。

在数字化时代的巨浪中，那些能够顺应历史潮流的组织展现了其生存和发展的能力。正如克莱顿·克里斯坦森在《创新者的窘境》中所指出的，技术革新不仅是单纯的技术更新，更是一场触及商业模式、组织结构和市场定位等多个维度的全面变革。这种变革要求企业不仅要有技术上的敏锐度，还要具备适应市场变化的灵活性。

历史上和当代有不少企业因未能顺应这一潮流而逐步被边缘化甚至被淘汰。例如，柯达（Kodak），曾经的摄影巨头，因未能及时转型到数字摄影领域而失去市场主导地位。诺基亚（Nokia），在智能手机浪潮中

未能及时调整策略，从全球手机市场的领头羊沦落为边缘参与者。边沁（Blockbuster），曾是视频租赁业的巨头，但未能顺应在线流媒体的趋势，最终被市场淘汰。雅虎（Yahoo），未能准确把握互联网发展的方向和机遇，逐渐丧失了其作为互联网门户的领导地位。西尔斯（Sears），这家零售巨头未能有效应对电子商务的挑战，导致其市场地位不断下滑。黑莓（Blackberry），曾在智能手机市场上占据主导地位，但未能及时适应触屏智能手机的趋势，最终被市场边缘化。

（三）

规则二：高维者昌，低维者亡。

这一规则是对"规则一"的延伸，即在理念、思维、体制、技术等方面，达到更高维度的组织无疑将占据竞争优势。数字化的推动使我们从局限的文化视角跨越到全球化视野，实现更高层次的竞争和发展。例如，苹果（Apple）在创新的产品设计和生态系统构建，以及技术和品牌上维度更高；阿里巴巴（Alibaba.com）在电子商务平台全球化商业模式方面维度超群；特斯拉（Tesla）在电动车和能源解决方案以及智能制造方面引领新趋势；华为（Huawei）在通信技术领域的突破和强大的技术创新，以及全球化运营能力方面遥遥领先；亚马逊（Amazon）在电子商务和云计算服务重塑了全球零售和数据处理方式；腾讯（Tencent）在社交媒体和在线游戏方面构建了庞大的数字娱乐帝国；三星电子（Samsung Electronics）在电子产品和半导体领域不断创新，保持了市场的领先地位。

（四）

规则三：共生者昌，独生者亡。

在数字化时代，共生、互惠、普惠成为核心理念。数字化不仅加强了人与人之间的联系，如同神经元之间的相互连接，还促进了集体智慧的发展。在这个过程中，合规和法制化成为共生的关键要素，它们帮助企业和社会实现更和谐的融合。

值得注意的是，数字化正在推动管理方式从传统的人治向法制化迁移。在这个转变中，法制不再是僵化的规定，而是被嵌入流程之中，变得更加活跃。这种变化在国家的民主化进程中也有所体现，类似的转变同样发生在企业层面。数字化时代，企业中的民主体制得到了强化，这意味着决策过程变得更加透明和富于参与性。

同时，制度的流程化正在逐渐影响着企业内部的人们。这种制度变革不仅是对个人自律的外在化，也是对企业内部权力的一种制衡。它有效地淘汰了那些企业独裁者，促使组织内的管理和决策变得更加合理和公正。在数字化的推动下，企业管理正逐步向着更加民主和合规的方向发展。

（五）

规则四：创新者昌，守旧者亡。

在数字化时代的挑战面前，管理、流程和商业模式的创新成为企业生存和发展的关键。企业需要随时准备进行变革，主动适应不断变化的环境，而非被动应对。这种创新不仅意味着与众不同，更要求勇于打破传统观念和组织结构的束缚。

创新的核心在于不断地重构和进化，迎接变化和挑战，争取在变革中比竞争对手更快一步。在这个过程中，尝试和试错变得至关重要。就像海尔这样的公司所展示的那样，其管理方式和组织结构对于传统企业来说可能颇具冲击力，但正是这种敢于尝试、勇于试错的精神，使得海尔在数字化浪潮中显得尤为突出。

此外，创新不仅仅是为了活得更好，更是为了不被时代淘汰。传统的科层制管理正在逐渐消亡，取而代之的是更加扁平化的组织结构。这种结构更加灵活，更能适应快速变化的市场和技术环境。企业若想在数字化时代胜出，就必须拥抱创新，不断地进行自我革新。

（六）

规则五：拥抱技术者昌，抵制技术者亡。

我们已经步入了一个以技术为核心的新时代，这个时代的特征是人工智能和自动化技术的迅猛发展与普及。企业必须将管理和业务流程数字化，以适应这一不可逆转的趋势。这意味着，不仅是简单的数字化转型，而且要实现技术的全面赋能，让技术在企业运营中扮演越来越重要的角色。

在这一过程中，制度、管理和业务流程都将上线，即被集成到平台系统中，从而实现更高效、更透明的管理和运营。企业内部的许多工作和流程将由人工智能控制，甚至在某些领域替代人类的角色。这种转变，不仅是为了效率和竞争力的提升，也是为了应对未来市场的挑战。企业如果回避这种趋势，将很可能被那些依赖更高维技术赋能的竞争对手超越。

因此，拥抱技术，积极将尽可能多的工作、制度和流程交给技术来处理，成为企业生存和发展的关键。在这个时代，只有那些能够顺应技术发展、勇于将任务交给技术的企业，才能在激烈的市场竞争中脱颖而出。

（七）

规则六：秉承理念者昌，追逐利益者亡。

在数字化时代，企业的核心竞争力不再仅仅取决于盈利能力，而更多地依赖于其理念和文化的深度与广度。正如西蒙·斯涅克在《从为什么开始》中所强调的，企业的"为什么"（核心理念）比"怎么做"和"做什么"更为重要。这个时代要求企业超越短期的股东利益追求，更加注重长期的价值观和文化建设。

这种转变反映了一个更深层次的市场变化：消费者和员工越来越倾向于支持那些有着强烈社会责任感和明确价值观的企业。企业文化不仅塑造了组织内部的行为准则，也影响着外界对企业的认知和信任。如此，企业的文化和理念成为吸引优秀人才、维持客户忠诚度和驱动长期发展的关键。

因此，那些能够在数字化时代秉承并传播强有力的理念、构建积极健康的企业文化的组织，将更有可能在变幻莫测的市场中立于不败之地。与此同时，单纯追逐短期利益的企业，可能会逐渐失去市场的青睐，最终难以持续发展。

（八）

根据我十几年在数字化组织中连续创业和操盘的经验，结合对世界范围内数字化组织的大量观察和研究，我冒昧地向读者推荐以上六大规则。遵守这些游戏规则，组织不仅能够顺应数字化时代的趋势，还能够在竞争激烈的环境中保持优势。

二、战略价值创造优于资本扩张

（一）

在数字化服务领域连续创业多年的经历，让我体会到对于数字化组织来说，战略价值创造比单纯追求资本扩张要重要得多。全球众多数字化企业的成败案例，加上青豆集团10多年来的创业和运营历程，证明了我们的一个观察，企业要想长远发展，必须在市场上占据稳固的战略位置，并与客户建立起牢不可破的联系，而不应该只专注于眼前的财务增长。

以亚马逊为例，这家全球知名的电商巨头，在我看来，它是数字化战略价值创造的典范。亚马逊最初作为一家在线书店起家，但创始人杰夫·贝索斯（Jeff Bezos）的远见卓识，使他认识到互联网的巨大潜力，并决定利用这个平台，将亚马逊打造成一个以客户体验为中心的全方位购物平台。贝索斯的愿景是创建"地球上最以客户为中心的公司"，这一愿景贯穿了亚马逊的发展历程，他们的创新和运营之路充满了战略价值的实践。他们推出了Kindle电子阅读器，彻底改变了人们的阅读习惯，同时也为亚马逊开辟了全新的市场；他们进军云计算领域，推出AWS（亚马逊网络服务），这不仅仅是为了扩大市场份额，更是在探索如何通过技术创新来提升企业的服务质量和效率；他们还重视数据分析和个性化推荐系统的建设，通过精准的数据分析来优化客户体验，提高用户满意度和忠诚度。亚马逊的成功并不单纯依赖于快速的资本积累，而是基于对消费者需求的深刻洞察、持续的技术创新和优秀的客户服务。正是这种对战略价值创造的持续追求，使得亚马逊能够在数字化服务行业中保持领先地位。

（二）

什么是战略价值创造？我的理解是，它是指通过创新、差异化和长期规划来提升企业的市场竞争力和持续盈利能力。这意味着我们不仅关注即时的财务回报，更多地关注长期的市场地位和品牌价值。比如在说客英语运营工作中，我们更加重视通过提供创新的服务和解决方案来满足学习者、经销商和教师需求，而不是单纯追求销售额的增长。

与此同时，我们也深切意识到资本扩张的局限性。资本扩张的问题，不仅在于它可能带来的快速但短暂的收入增长和市场份额提升，更严重的是，这种增长方式往往会受到一些追求利益最大化思维的影响。这种思维常常督促企业遵循市场的常规做法，比如大量烧钱来获得客户，这不仅使企业陷入同质化竞争的泥潭，还会破坏企业以学习者为中心的价值追求。如此一来，企业的 S2B 商业模式可能被扭曲或破坏，严重影响公司的发展战略，甚至危及企业的伦理和价值观。

其实在线教育行业普遍面临一个难题：缺乏资金，难以扩大规模；一旦引入资本，企业往往过度关注数据表现，导致重心转移到市场扩张和快速占领市场份额上，而忽略了教学质量和服务的深化，使企业陷入了一个恶性循环：不断增加获客投入和流量获取以维持运营，最终成为资本扩张的牺牲品。

相比之下，战略价值创造着眼于长远，通过提高产品或服务的质量、增强客户体验、加强品牌忠诚度等手段，实现长期稳定的增长。这样的增长不仅可持续，而且能反映企业核心价值和长远目标。

（三）

在数字化服务行业中，这种战略价值创造尤为关键。我们面对的在线教育市场变化快，技术迭代快，客户需求多变。因此，不断地通过技术创新和优化用户体验来提升企业的核心竞争力，成为我们的主要工作。说客英语投入大量时间研究市场趋势、客户需求和技术发展，以确保我们的服务始终领先于市场。

此外，我们还非常重视企业文化和组织能力建设，因为以创新为核心的组织文化和强大的内部能力是实现战略价值创造的关键。青豆集团始终鼓励创新思维，培养对变化的适应能力，坚信战略价值创造是企业成功的关键。

三、品牌信任基于自觉的口碑管理

（一）

星巴克（Starbucks）是一个起源于1971年西雅图的小型咖啡店，如今已发展成为遍布全球的知名咖啡连锁品牌，其成功在很大程度上得益于高效的口碑管理策略。不同于许多同行业品牌依赖大规模的广告宣传，星巴克很少投放传统广告。他们的成功秘诀在于依靠优质的顾客体验和强大的品牌口碑，实现了在全球范围内的迅速扩张。

星巴克注重每一位顾客的体验，从选择优质的咖啡豆，到精心设计的店内环境，再到每位咖啡师的专业服务，每一个细节都经过精心策划。他们的店面设计兼顾现代与舒适，旨在为顾客提供一个放松和社交的理想空间。此外，星巴克还通过其"星巴克礼赏"忠诚度计划，鼓励顾客重复消费，并通过社交媒体平台与顾客互动，进一步加强了品牌与顾客间的联系。

正是这种对产品质量、顾客体验和社区参与的执着，使得顾客自发地在社交网络和日常对话中推荐星巴克。这种口碑效应为星巴克带来了大量的忠实客户和可观的收益。事实上，星巴克的年度报告显示，口碑营销为他们节省了数百万美元的广告费用，同时帮助品牌在全球范围内维持了稳定的增长势头。

（二）

在当今这个信息爆炸的时代，口碑的力量成为决定品牌成败的关键因素。据社会心理学家罗伯特·B. 西奥迪尼（RobertB.Cialdini）的研究，人们在做出选择时，往往会受到周围人的影响，这种现象在营销领域被称为"社会认同理论"。一则积极的评价，一个顾客的推荐，往往能够比数额巨大的广告活动产生更深远的影响。实际上，尼尔森的一项研究显示，92%的消费者会信任家人或朋友的推荐，超过任何形式的广告。

口碑的影响力不仅仅局限于顾客之间的交流。它是品牌形象和信誉的直接反映，成为品牌与消费者之间信任关系的桥梁。例如，苹果公司就是通过持续的创新和优质的顾客服务，建立了强大的品牌忠诚度。他们的产品设计和用户体验的卓越表现，使得顾客愿意在社交圈中自发地推荐苹果产品，从而为品牌带来了巨大的口碑效应。

此外，社交媒体的兴起也为口碑的传播提供了新的平台。消费者通过在线评价、社交媒体分享和博客文章，能够迅速扩散他们对品牌的看法，这种现象在市场营销学中被称为"电子口碑"。例如，诸如微信和推特等在线平台，通过用户生成的内容，极大地影响了消费者的购买决策。

因此，口碑不是消费者之间的简单交流，而是一个复杂的社会和心理过程，它涉及品牌形象、消费者行为、社会影响力等多个方面。在这个过程中，品牌需要理解和利用这种力量，以建立和维护与消费者间的长期信任关系。

（三）

一个极端且引人注目的口碑传播案例，是 OpenAI 推出 ChatGPT 后获得的全球性成功。

ChatGPT 是一款基于人工智能的对话系统。在其推出后不久，社交媒体和网络论坛上充满了用户分享其与ChatGPT互动的经历。这些分享通常包括对ChatGPT回答问题的能力、创造性地使用案例，以及它在处理复杂对话时的精确度的赞扬。此外，ChatGPT还因为其在教育、编程、创作写作等方面的应用潜力而备受关注。这些实际应用案例的分享在网络上迅速蔓延，吸引了更多的用户尝试并讨论这项技术。在这一过程中，ChatGPT几乎完全没有依赖广告宣传，而是通过用户的实际体验和口耳相传的方式，在全球范围内建立了品牌影响力。用户的积极评价和分享成为推动其快速传播的主要动力。

（四）

青豆集团的主打项目——说客英语，在其10多年的创业和经营历程中，深刻证明了口碑管理的重要性。说客英语的发展之路，是以稳健的品牌建设为核心，其中蕴含了众多有趣且富有教益的经验。

在项目初期，为了吸引客户，我们推出了免费试听的在线"一对一"英语服务。然而，意外地发现，即使是免费课程，也有许多客户犹豫不决，担心上当受骗，怕"被套路""掉入坑中"，这些都是中国市场中对消费陷阱的普遍担忧。但随着时间的推移，我们发现通过现有客户的推荐，这种基于口碑的传播方式，其获取新客户的效率远高于直接营销。

其中一个极具代表性的例子是来自北京的张女士。起初，她对我们以20元左右一课时（外教"一对一"，每课时25分钟）的低价销售英语在线教育课程表示怀疑。但她决定尝试，想着即便被骗也损失不大。然而，课程的质量大大超出了她的预期。了解到我们的经销商政策后，她迅速决定成为我们的经销商，并且利用她在微信朋友圈中对教育孩子学英语的分享，迅速积累了大量的信任和影响力，从而顺利地推广我们的产品。她很快就达到了我们四级经销商体系中的最高等级——A级经销商。

类似张女士的案例，在中国的许多城市和地区层出不穷，目前我们已经拥有超过 8000 名经销商，其中一半是从我们的学习者用户中转化而来。这一切充分说明了，靠着我们基于口碑管理来构建的 S2B 商业模式，在过去 10 多年的运营中取得了显著的成功。这种模式不仅传递了品牌的"信任状"，还为我们的商业增长注入了强大的动力。

（五）

口碑管理在当今商业世界中的影响力是巨大的。在构建持久的品牌信任和实现商业目标的道路上，有效的口碑管理不仅是一个强大的工具，更是一种必不可少的策略。在信息泛滥的时代，真诚的顾客体验和正面的用户反馈比任何广告宣传都更加有效。一个品牌应当通过维护良好的顾客关系、创造卓越的产品体验，以及积极利用社交媒体等新兴渠道，来构建和巩固其市场地位。

四、一个企业一个独特方法论

（一）

每个成功企业都有其独树一帜的成功秘诀。抛开那些占据不可替代资源的企业不说，所有的成功企业都有其独特的方法论。例如，麦当劳的成功方法论在于其高效的特许经营模式和标准化流程，OpenAI（开放人工智能）的成功秘诀则体现在其前沿的人工智能研究和开放协作的模式上，腾讯的成功则依赖于其强大的社交网络基础和多元化的业务扩展，支付宝的成功秘诀在于其创新的金融科技应用和深入人们日常生活的支付解决方案……总之，无论是哪家成功企业，它们都拥有自己独特的成功方法论。这些方法论虽然迥异，但其共通之处在于，它们都符合管理学界通过广泛案例总结出的几种理论，如差异化竞争策略（DC）、资源基础观点（RBV）、蓝海战略（BOS）以及创新理论（尤其是破坏性创新理论）。这些理论不仅为企业提供了实现长期竞争优势的框架，还启示了如何在变幻莫测的市场环境中保持独特性和创新性。

（二）

每个企业都应拥有其独特的方法论。以青豆集团为例，我们在创造和发展的过程中深刻地体会到了管理理论在塑造和完善我们独特方法论方面的实际价值。

例如，从差异化竞争策略的角度来看，青豆集团始终坚持与众不同，与竞争对手采取截然不同策略的路线。在竞争激烈的外语线上教学市场上，多数企业仍采用传统的教学模式，将其简单地迁移到线上，以教师为中心，而非学习者为中心。与此相反，我们采取了创新的路径，提供基于学习者为中心的在线教学，深入探索并满足客户的独特需求，如提供面对面的外教"一对一"教学服务。在商业模式上，我们更是创新性地引入了S2B2C模式，这在同行业中堪称独树一帜。

依照资源基础理论（RBV）的观点，青豆集团重视将内外部资源的独特组合转化为核心竞争力。我们不仅让学习者参与价值创造，还将他们转化为我们的经销商。我们会集了来自欧美、菲律宾及国内的优秀师资，构建了一个包括总部、学习者、经销商以及海内外教师在内的庞大学习社区。通过将数字化服务、高质量的外教资源与对中国学习者心理的深刻理解相结合，我们打造了一个独特的教学生态系统。这种资源的聪明组合不仅提升了我们的服务质量，也增强了市场竞争力。

青豆集团一直遵循蓝海战略，在未被充分开发的市场领域进行探索。我们所面对的是一个众多企业争相模仿的红海市场。然而，我们选择勇敢地迎向挑战，寻找并创造了属于自己的蓝海——更加专注于个性化和垂直细分的外语教学服务。我们提供差异化定价，实现最佳性价比的教学方式，从而开辟了全新的市场空间，避免了与众多竞争对手的直接对抗。

从创新理论的视角来看，青豆集团始终致力于持续创新。我们的创新不仅体现在产品和服务上，更体现在商业模式和市场策略的大胆尝试上。我们最大的创新在于商业模式，为了支持这一模式，我们在技术方面投入了巨大的创新资源。将这一切综合起来，它们构成了青豆集团独特的创业和运营方法论。我们通过与高校、智库合作会把集团独特的创业和运营方法论上升到理论高度，形成案例，供中国企业参考或学习，如图5所示。

图5 华中科技大学管理学院戴教授一行到公司采写案例，公司案例入选中国管理案例共享中心

（三）

每个成功企业的背后，都藏着一个独特的方法论，这不仅是它们成功的秘诀，也是它们在激烈的市场竞争中保持独特性和活力的源泉。正如许多成功企业以及青豆集团的案例所展示的那样，无论是在差异化竞争策略、资源基础观点、蓝海战略，还是创新理论上，这些企业都通过其独特的视角和实践，形成了自身独有的成功法则。

一个企业的独特方法论是其持久成功的关键。这种方法论不是凭空产生的，而是在不断的实践、探索和创新中形成的。然而，一旦找到了，那么用其独特的方法论引领企业，就可以在复杂多变的商业世界中创造出自己的一片天地。

五、平台 + 人 + 技术 + 文化

（一）

在当今这个快速演变且高度互联的商业时代，庞大的生态型组织正日益成为一种兴起的、具有深远影响的运营模式。这类组织的独特之处在于它们广泛的平台网络、人员构成的多元化以及技术的高度复杂性。在这样一个纷繁交织的网络之中，如何有效地整合不同要素，包括平台、人员和技术，已经成为一个极为关键的问题。我坚信，答案在于强化组织文化。我们应致力于通过加强组织文化，将庞杂的平台、各种背景的人员（无论是企业内部员工还是其他利益相关方）以及错综复杂的技术框架，共同纳入一个统一的愿景和价值观之中。

举例来说，亚马逊通过其客户至上的文化，成功地构建了一个庞大的电子商务生态系统。亚马逊不仅提供了一个广泛的购物平台，而且通过其云服务（AWS）和人工智能技术（如 Alexa），整合了多元化的用户群体和技术解决方案。

脸书作为社交媒体的巨头，通过其强调连结人们的企业文化，成功地构建了一个全球性的社交网络平台。它不断创新，如通过算法优化增强用户体验，同时促进了广告业务和社交媒体内容的融合。

苹果以对设计和用户体验的极致追求而闻名，其文化价值观强调创新和完美。这种文化不仅促进了技术与创意的融合，还通过其闭环生态系统，包括 iOS、App Store 以及苹果产品线，实现了技术和用户体验的无缝结合。苹果的文化，融合了艺术与技术的美学，为其构建了一个庞大而独特的生态体系。这种体系不仅涵盖了产品设计和开发，还包括了市场营销和客户体验等方面，使苹果成为一个在全球范围内具有广泛影响力的品牌。

（二）

生态型组织被定义为一种动态且开放的组织结构，它们打破了传统企业的边界，形成了一个多元且综合的商业生态系统。这种组织特征在于其广泛的平台规模、人员构成的多样性以及技术的复杂性。

具体来看，这些组织通常基于广阔的平台，涵盖物理和数字领域，支持丰富的商业活动，促进生态系统的发展。在人员多样性方面，它们不仅包含内部员工，还包括外部合作伙伴、供应商、客户和其他利益相关者，从而提供多元的观点和资源，促进组织创新和适应性。在技术复杂性方面，这些组织通常采用先进技术，如数据分析、人工智能、云计算等，以支持日常运作并开发新的商业模式和服务。

全球范围内众多著名的生态型组织,如脸书、微信、抖音、亚马逊、苹果、微软、特斯拉、阿里巴巴、腾讯、领英等,当然还包括我们青豆集团的说客英语生态,它们都通过其独特的文化实现了统一和协同,展现了生态型组织的强大力量。这些组织不仅在技术创新和商业模式上领先,还在通过其文化影响和整合全球范围内的用户、开发者和合作伙伴,从而在多变的商业环境中不断推动创新和增长。

(三)

在生态型组织中,文化扮演着不可或缺的核心角色。这种文化不仅是组织的灵魂,也是推动其向前发展的动力。首先,文化塑造了组织的身份和品牌形象,使所有成员不论背景如何都能围绕一个共同的理念和目标工作。其次,正是这种共享的价值观和信念,决定了员工的行为模式和工作态度,从而影响日常决策和长期战略。更重要的是,一个强大的、积极的组织文化能够激发创新,促进团队协作,提高整个组织的适应能力和竞争力。

文化的凝聚和统一作用有着广泛的理论支撑,包括但不限于组织文化理论、生态系统理论和复杂性理论等。组织文化理论强调了共享价值观和信念在塑造组织行为和提高员工参与度方面的作用。生态系统理论则解释了生态型组织如何在复杂的环境中生存和发展,其中文化是维系不同组件协调运作的关键。复杂性理论则提供了一个视角,让我们理解在快速变化的环境中,文化如何帮助组织适应新挑战,保持灵活性和创新性。通过这些理论,我们可以更深入地理解文化在生态型组织中的核心作用。

(四)

在当今多变和复杂的商业环境中,生态型组织应通过其独特的组织文化实现平台、人员和技术的和谐统一。这种统一不仅是企业成功的关键,也构成了其可持续发展的根基。强化文化价值观,使生态型组织不仅能更好地适应环境的变化,还能够激发创新,提升组织整体效能,从而为社会和经济的发展做出贡献。因此,对于追求长期发展的组织来说,打造并维护一个健康、活跃的文化环境,应成为其战略规划的核心。

六、共建共生的智能商业之路

(一)

在互联网时代,共生和智能化已成为企业发展的关键基因。这一趋势在那些引领时代潮流的现代企业中表现得尤为明显,如阿里巴巴,不仅仅是一家电商巨头,更是一个典型的共建共生生态系统的缔造者。该公司通过其强大的电商平台,构建了一个覆盖数百万商家和消费者的庞大网络。这个网络不仅促进了商品的交易,更重要的是,它为小微企业提供了一个展示和成长的平台,使这些企业能够通过互联网获得更广阔的市场和更多的发展机会。更为显著的是,阿里巴巴通过其云计算服务、大数据分析和人工智能技术,帮助合作伙伴提升运营效率,创新业务模式。通过阿里云,小微企业可以利用先进的云服务和大数据分析,不仅优化了自身的产品和服务,还能更精准地定位市场和客户,实现个性化营销。此外,阿里巴巴还通过各类创业支持计划,如"天天正能量"等公益活动,支持和鼓励创新创业。这些活动不仅帮助了众多创业者,也强化了阿里巴巴在整个商业生态系统中的核心地位。

与阿里巴巴类似,特斯拉在构建共生式智能商业的道路上同样表现出色。

特斯拉是电动汽车和可持续能源领域的领军企业。该公司不仅推动了电动汽车技术的革新，还通过建立庞大的超级充电网络，与全球能源公司和政府建立了紧密的合作关系。这不仅极大地便利了电动车主，也推动了整个能源产业向更环保、更可持续的方向发展。此外，特斯拉还致力于推广太阳能产品，通过与住宅和商业建筑所有者的合作，共同构建一个更加绿色和可持续的能源生态系统。

（二）

随着工业发展的大趋势，我们见证了比特智能深入地渗透到生产和服务流程之中，推动着"智能制造"和"智能服务"的快速发展。在这一过程中，原本依赖人类智能的生产和服务环节逐渐减少，取而代之的是日益增强的人工智能应用。这一变革不仅增强了生产效率，还赋予了生产和服务流程更高的灵活性和定制化能力，无论是在线上还是线下。

在商业领域，这种"智能化"不仅表现在比特智能的深入应用，更在于商业运作的"脑体分工"。线上世界活跃着一个虚拟的商业圈，线下则是实体的商业活动。供应商和客户在线上建立紧密的联系，共同构建一个互动的商业网络。这个网络不断扩展，最终实现全球范围内的无缝链接。

在这个过程中，智能技术如大数据分析、云计算、物联网和人工智能成为连接线上线下商业圈的关键。这些技术不仅使商业活动更加高效，也让市场预测、客户行为分析和个性化服务变得更加精准。它们的应用使得商业模式从传统的供需关系转变为更加动态、互动和个性化的模式，这无疑是智能商业时代的显著特征。

随着智能技术的深入应用，企业开始实现从单纯的商品交易向提供综合解决方案的转变。这种转变不仅提升了客户体验，也为企业带来了新的增长点和竞争优势。在这方面，青豆集团的在线教育生态和其他数字化组织的共建生态一样，都在齐力合作，努力进行着共生式智能商业领域的探索。

（三）

细致观察青豆集团的主打项目——说客英语，可以发现它的共生体系与那些简单将传统教育模式搬到线上的企业大相径庭。青豆集团的发展策略，一直专注于深入地将比特智能融入其管理和服务流程。这一策略显著减少了其流程中对人脑有机智能的依赖，转而将目标对准提供人工智能化的服务。这种服务不仅定制化、灵活，而且面向全国以至全球不同类型的终端用户。

这一发展趋势已经越发明显。在线上，青豆集团构建了一个以平台特别是中台为核心的虚拟共生体系。而在线下，则形成了一个与线上同步、由个体构成的实体矩阵。这种线上的虚拟智能平台在线下实体需求的推动下，不断智能化升级，共同构建了一个共生式智能商业生态。在这个生态中，说客英语的百万用户日益变得像是共享同一个大脑的智能商业共同体。

（四）

随着技术的进步和市场需求的变化，未来的智能商业形态中人工智能和机器学习将更加深入地融入企业的每一个层面，从决策支持到客户服务，实现全方位的智能化运营，其中商业流程、客户体验和创新管理将完全由先进的智能系统驱动，数据将成为智能商业的核心。通过对海量数据的实时分析和应用，企业将能够更加准确地预测市场趋势，理解客户需求，从而提供更加个性化的产品和服务。智能商业将更加强调可持续性和社会责任，企业将更加注重实现经济效益的同时贡献社会。未来的智能商业将是高度全球化和无界的。技术的发展将消除地理和文化差异带来的障碍，促进全球范围内的资源共享和协作。企业将在全球范围内灵活地配置资源，高效地满足不同市场的需求。

七、数字化让组织变轻也变重

（一）

在数字化的浪潮中，组织正在经历一场独特的变革：它们变得更加轻盈，同时也更加沉重。一方面，我们看到许多组织的实体资产和结构越变越轻。例如办公室墙壁被云端的无形链路所取代，决策层级由繁变简，固定的工作时段被灵活的时间管理替代，传统的纸质文件转变为数字化档案，而沉重的硬件设施逐渐向轻型、云基础设施转移。这些变化不仅减轻了组织的物理负担，也提升了操作的敏捷性和适应性。另一方面，这些组织在研发和技术投入上的负担却日益沉重。这包括持续的软件开发和更新、数据安全与隐私保护的加强、对先进技术如人工智能和大数据分析的投资，以及为满足不断增长的存储和处理需求而扩展的服务器容量。这种变化不仅是数字化时代的一个趋势，更是一种必然。

（二）

在数字化组织中，平台是管理和业务流程的载体，这才是组织变重又变轻的原因。当我们仔细观察这些平台，会发现它们不仅仅是技术产品，更是一种全新的工作和管理方式的象征。技术进步在平台上得以体现：从自动化工具到智能算法，每一项技术革新都让平台变得更加高效和强大。

同时，平台也是远程工作文化的基础。不论员工身处何地，他们都可以通过这些平台高效协作，共享信息，这在传统办公环境中是难以想象的。

更重要的是，数据驱动决策在这些平台上得到了充分的实施。通过收集和分析大量数据，这些平台帮助组织做出更加精准的决策。不仅如此，客户体验的个性化也在这些平台上得到了实现。无论是通过个性化推荐算法，还是通过客户数据分析，平台都能提供更加定制化的服务，满足客户的独特需求。

在平台使组织变重的过程中，离不开对网络安全的重视。随着业务流程和数据越来越多地迁移到线上，平台的安全性成为组织不可或缺的一部分。这不仅意味着更多的投资，也意味着在技术和人员上的持续投入。从网络安全协议到加密技术的应用，每一步都是为了保护组织和客户的数据安全。

（三）

数字化让组织变得既轻盈又沉重，这正是青豆集团在过去10多年企业发展历程中所体验的。作为一家走在数字化转型前沿的在线教育企业，青豆集团从一开始便致力于将业务流程和管理结构迁移到数字平台上，或在数字化的基础上重新构建。在这个过程中，尤其是在我们的平台还处于建设初期时，组织的实体结构和管理负担显得相当沉重。那时，许多工作依赖于手工完成，因为我们自建的平台尚未能提供支持。然而，随着平台的逐步成熟和快速完善，尤其是承载着主要管理流程的中台和后台的持续优化，组织结构逐渐变得轻盈。

青豆集团整体生态虽然规模庞大，涵盖了百万级的用户社群，但总部员工数量仅60余人，其中超过40人是技术开发人员。这一比例深刻昭示了我们组织的实体结构之轻盈，以及对技术研发投入的重视程度。这种转变让原本依赖传统办公室和纸质文件的公司结构变得更加灵活和高效。如此轻型的数字化组织架构使员工可以在任何地方工作。在青豆集团内部，项目组能迅速组建并在任务完成后解散，决策过程也得益于实时数据而变得更加迅速和精确。

青豆集团当然也面临着技术投资的巨大压力。为了维持和优化平台，我们不得不持续投资于最新的软件和硬件。从数据中心的扩建到网络安全的加强，每一步都需要巨大的资金和资源。此外，青豆集团还需要持续投入于员工的培训和发展，以确保他们能够跟上技术的快速发展。

（四）

数字化时代的组织变革极具复杂性。它不仅仅是关于技术的更新，更是一场涉及企业文化、员工心态和业务模式的全面变革。虽然这种变革带来了不小的挑战，但同时也为那些敢于拥抱变化的组织带来了巨大的机遇。

八、价值观升维和站队做第一的魄力

（一）

在当今世界上，价值观和世界观维度最高的企业家至少包括埃隆·马斯克（Elon Musk）和萨姆·阿尔特曼（Sam Altman），以及OpenAI这家公司的其他创始人和投资人。

OpenAI公司成立于2015年12月11日，旨在推进人工智能技术的发展，确保AI的利益能广泛惠及全人类。而在成立时，这些创始人中没有一个人能够预测到，要等到两年后的 2017 年才会遇到后来成为 ChatGPT 核心技术的 Transformer 架构，也未曾预料到该公司成立仅过了 7 年的 2022 年，极具智慧的 ChatGPT 就推向了全世界。

那么问题来了，是什么思想、观念或观察，让马斯克和阿尔特曼、格雷格·布罗克曼（Greg Brockman）等重要创始人决心发起和投资这样的公司，并持续让它运营下去？

我的回答是，是比世界上绝大多数企业家和投资人更高维度的价值观、世界观、知识和信念。

（二）

在数字时代的浪潮中，许多企业家虽然在技术和市场策略上取得了显著的成就，但他们的思维方式在某种程度上仍然停留在传统的桎梏中。比如过度依赖现有市场逻辑，仍然依赖于传统的市场运作模式和商业逻辑，对于跨界创新和颠覆性技术的接受度很低。又如在技术发展方面，很多企业家对深度学习、人工智能等前沿科技持保守态度，不愿意投入大量资源进行长期探索。此外，相较于西方的一些企业家，中国的一些企业可能更加重视短期利润和稳定性，而不是冒险投资未来可能带来的巨大收益。另外，在全球视野方面，尽管中国市场庞大，但不少企业家在全球化战略和国际市场布局方面的思考远远不够深入，缺乏将企业推向全球舞台的大局观。

（三）

如何突破思维桎梏、提升价值观维度成为关键。创新不仅仅是技术或产品的更新，更是思维和文化的革新。企业家需要培养对未知和不确定性的容忍度，敢于探索那些可能初看不起眼，但具有长期潜力的领域。例如培养跨学科的思维，打破传统行业的界限，探索与 AI、大数据、物联网等前沿技术的融合可能。

全球视野是不可或缺的。在全球化日益加深的今天，企业家需要拓宽视野，理解和学习不同文化和市场的特点，将本土智慧与全球资源结合，形成独特的竞争优势。

OpenAI 的故事给全球的企业家提供了宝贵的启示：高维度的价值观、世界观和创新精神是驱动未来发展的关键因素。面对数字时代的挑战和机遇，企业家们应当勇敢地跨出传统思维的桎梏，以开放、创新的姿态迎接未来。

九、数字化时代高度纪律性组织

（一）

在数字化时代，高度纪律性不仅是组织成功的关键要素，更是其持续发展的必要条件。这种纪律性并非仅仅指组织内部的规章制度，也是一种更深层次的价值观和文化的体现，是对组织目标和愿景的坚守。

高度纪律性是驱动创新的核心动力。数字化时代的组织面临着激烈的竞争和不断变化的市场需求。纪律性不仅能够保证团队集中精力于最重要的任务，也能够确保创新活动与组织的长期战略对齐一致。员工不是随意追求新奇和不同，而是在明确的方向和目标指引下进行创新。

纪律性对于维护组织内部的秩序和高效运作至关重要。数字化组织通常结构扁平，决策过程去中心化，这使得明确的内部规则和指导原则尤为重要。高度纪律性的文化能够帮助员工理解他们的角色和责任，从而提高整体的工作效率和效果。

高度纪律性还有助于构建和维持强大的组织文化。一个有着清晰价值观和目标的组织，能够吸引志同道合的人才，增强团队的凝聚力和忠诚度。这种文化的力量在数字化时代尤为显著，因为它能够在快速变化和不确定性中为员工提供稳定的支持和指引。

纪律性在管理客户关系和市场声誉方面扮演着重要角色。在数字化时代，信息传播速度极快，组织的一举一动都可能立即被放大。因此，高度纪律性的组织能够确保其行为和决策始终保持专业和一致，从而在客户心中树立积极的形象，并在市场上建立稳固的信誉。

（二）

青豆集团在高度纪律性方面的要求体现在其"十三条铁律"中，这些铁律不仅是规则的体现，更是青豆文化的核心。

首先，"价值观第一"是青豆的根基，包括正直、高效、利他、诚信、知行合一、团队协作等原则，这些价值观既是员工个人行为的指南，也是团队互动的基础。这些价值观促使员工在追求个人和团队目标时，始终保持道德和效率的平衡。

其次，"三个对齐要求"即企业文化对齐、企业战略对齐、个人心眼手对齐，这些要求确保员工在心态、视野和行动上与公司的整体目标保持一致。通过这样的对齐，员工能够更好地理解他们的角色，以及如何通过自己的工作促进公司的整体发展。

最后，"持续学习"和"青豆三观"即产品观、市场观、用人观，强调以用户为中心的产品设计，注重内容输出和数据分析，以及对员工的道德和文化要求。这些原则鼓励员工不断提升自己，同时确保产品和市场策略与公司文化相契合。

青豆的管理干部要求包括卓越品德、战略对齐、团队精神等，强调了管理层在维护纪律和推动公司发展中的重要角色。此外，青豆还强调了绩效考核的重要性，以及日常工作报告的规范填写和行为红线的严格遵守，这些都是维持高度纪律性的重要组成部分。

（三）

在数字化时代，高度纪律性对于组织的持续发展和成功至关重要。这种纪律性超越了传统的规章制度，深植于组织的文化和价值观之中，成为推动创新、维护内部秩序、构建强大组织文化，并在竞争激烈的市场中建立良好声誉的关键因素。即使在自由和创新至上的环境中，高度纪律性也能与企业文化和管理哲学完美融合。

第五章 数字化服务创业者的模式创新

一、商业模式的力量总是被低估

（一）

早在1983年，仓储式批发零售行业就已经开始显现出竞争加剧的特征，但Costco（好市多）的创始人杰弗里·布罗特曼（Jeffrey Brotman）和詹姆斯·辛内加尔（James Sinegal），还是在西雅图联合创立了这家仓储式会员制批发零售商，他们的自信来自独特的商业模式。当时，这一市场领域已经有几个关键的玩家，是Costco模式直接的竞争对手，如当时已经建立了强大的市场地位的Price Club，以及作为沃尔玛的一部分Sam's Club。起初，Costco的目标是为小型企业提供大宗商品，但很快，它的会员制模式也吸引了大量个人消费者。

在20世纪80年代，Costco的出现可谓是零售业的一次小革命。当时的零售市场被众多传统商店和超市所占据，而Costco以其大规模的一站式购物体验和低廉的价格迅速脱颖而出。Costco的商店通常设置在城市郊区，占地广阔，内部简洁而直接，高高的货架上堆满了各种商品。

随着时间的推移，Costco的商业模式逐渐显现出其独特和优越之处，通过会员制、低利润策略、精简高效的运营和对员工的投资，在众多零售商中独树一帜，创造了显著的市场优势。

Costco采用的会员制模式不仅为公司带来了稳定且可预测的收入流，还成功地培养了深厚的顾客忠诚度。顾客愿意支付年费以换取购买高质量、低价商品的权利，这种模式有效地将一次性购物者转变为长期客户。

Costco 的低利润销售策略进一步强化了其市场竞争力。通过大规模采购和高效的供应链管理，Costco 能够以较低的价格提供商品，同时保持质量和价值。这种"高质低价"的策略使 Costco 在消费者心目中赢得了"物有所值"的卓越声誉。

Costco 还通过限制商品种类（SKU）的策略来简化库存和降低运营成本。这意味着虽然商品种类较少，但每一种商品都是经过精挑细选的，成为销售量和质量的双重保证。这种策略不仅提升了运营效率，也使顾客在购物时更加信任 Costco 的商品选择。

此外，Costco 对员工的高度重视也是其商业模式的重要组成部分。通过提供优厚的薪资和福利，Costco 拥有较低的员工流动率和较高的员工满意度，这直接反映在了顾客服务质量上，进一步增强了顾客忠诚度。

进入 21 世纪，Costco 的成功更加显著。不仅在美国本土，Costco 还成功地扩展到了中国、加拿大、墨西哥、英国、日本、韩国等多个国家和地区。截至 2023 年，Costco 已经成为全球最大的会员制仓储零售商之一。它不仅在零售业创造了一个成功的商业模型，而且在消费者心中树立了一个可信赖的品牌形象。

（二）

商业模式的力量总是被低估。在传统的商业观念中，往往更多地将关注点放在产品开发和市场营销上，而忽视了商业模式创新的重要性。然而，Costco 的成功案例恰恰证明了一个强大且创新的商业模式对企业成功的关键作用。商业模式不仅涉及如何销售产品，还包括价值创造、价值传递和价值获取的整个过程，这些方面共同决定了企业的竞争力。

在许多行业中，尤其是在快速变化的市场环境中，坚持传统的运营模式往往会导致企业失去与市场同步的机会。例如，随着数字化转型的加速，一些传统企业由于未能及时调整商业模式，未能充分利用新技术带来的机遇，从而在市场竞争中落后。相比之下，那些能够灵活调整商业模式、创新价值传递方式的企业，则更可能在竞争中获得优势。

另一个值得注意的是，一个强大的商业模式能够为企业创造独特的市场定位，并构建难以复制的竞争壁垒。例如，亚马逊通过其创新的在线零售模式和高效的物流系统，不仅改变了人们的购物习惯，还逐渐成为电子商务领域的领导者。这种商业模式的创新不仅是在销售渠道上的改变，更是在客户体验、供应链管理和数据利用等多方面的综合革新。

此外，一个成功的商业模式还能带动整个产业链的创新。它能够促进与供应商、分销商甚至客户之间更紧密的合作关系，创造出新的价值和市场机会。例如，苹果公司通过其独特的生态系统模式，不仅销售硬件产品，还整合了软件、服务和内容，创造出一个强大的品牌忠诚度和用户黏性。

（三）

商业模式的创新对于企业的长期成功至关重要。它不仅能够帮助企业在竞争激烈的市场中脱颖而出，还能够引领行业趋势，塑造企业的核心竞争力。企业更加重视商业模式的创新和优化，不仅是应对市场变化的需要，更是实现可持续发展的关键。

二、教育、品牌、价值、共生的大场景

（一）

商业服务的竞争，很大程度上表现为服务场景的竞争。以餐饮业为例，当你进入万达广场各层的餐饮区间时，各品牌餐厅风格迥异。

必胜客的厨房开放式的色调是温暖的，设计是现代简约的；服务员身着品牌特色的红色马甲，带着亲切的笑容穿梭于桌间；明亮的光线透过宽敞的窗户洒在每一张桌子上，每个角落都流露出一种休闲而舒适的气质。

西贝莜面村的格调则温馨而家常，红白格子桌布覆盖着一张张木质餐桌，墙上的装饰画富有中国北方风情，戴着高高白餐帽的厨师身影在开放式厨房里忙碌着——这是一个把食客当贵宾的地方。

外婆家的风格是古典的，营造出了一种时光流转中的家族历史感。灯光从复古的吊灯中洒落，照亮了每一张雕花的木桌，仿佛讲述着往日故事。墙面上的中国风山水画和传统的木质窗格，再现了家的温馨和东方美学的精致。这里不仅仅是一个吃饭的地方，更像是一次穿越时空的体验，引领顾客回忆起温暖的家庭往事，体验到复古而美好的中华饮食文化。

麦当劳的场景从门面开始，热情和欢迎的气氛，鲜明的红色和黄色大m搭配成为街道上不可忽视的全球品牌，罗纳德麦当劳雕像摆出欢迎的姿势，像老朋友一样把顾客迎入餐厅内部——另一番天地出现了，现代简约的设计和鲜明的色彩对比，既时尚又实用的用餐环境。黑色的背景墙上，菜单以清晰的排列和高清的屏幕展示着，黄色的长条吧台成为焦点，与时尚感十足的红色座椅形成了鲜明对比，活力四射，整个空间以简洁的线条和几何形状装饰，辅以暖色调的照明，体现了品牌的现代感、快餐的便捷以及舒适度。

万达广场各餐厅的场景风格都巧妙地融会了品牌、文化和服务的精髓，用餐者不仅享受到了美食服务，还被独特的文化氛围所吸引。

（二）

商业即场景，服务即场景。任何企业的服务场景都与一个人的外貌、形象和行为谈吐一样，与用户进行着深入的交流，为企业传递着富有教育性的文化和品牌价值，交付着细致入微的服务，努力成为用户的好朋友和老朋友。

在这个快节奏的时代，客户不再仅仅是购买产品，他们购买的是一个故事、一种生活方式和一段经历。星巴克店中打造了"第三空间"概念；苹果商店的设计理念体现了创新和设计美学的空间，顾客能享受到个性化的技术支持和教学；宜家店内营造了 DIY 家居文化，顾客在购买的同时，也在享受到规划和装饰自己家的乐趣；耐克旗舰店提供试穿和体验产品的机会，有运动会议和个性化训练服务；Airbnb 提供的不仅仅是住宿，更是一种独特的旅行体验，顾客可以住在当地人的家中，体验当地的文化和生活方式；网飞（Netflix）不仅提供内容，更通过个性化推荐，让顾客享受到一个定制化的娱乐体验……服务场景的设计不仅要满足基本的功能需求，更要触动人心，让顾客在每一次的体验中都能感受到品牌的核心理念和文化底蕴。

（三）

以服务场景中的细节来讲述品牌故事，是一种巧妙的传达方式。无论是餐饮业的桌椅布置、艺术画廊的精心策展、零售店铺的独特商品展示，还是健身房的个性化训练设备布局，每一个细节都不是随意安排的。在图书馆的静谧角落里，书架的排列和阅读空间的设计讲述着知识的力量；在精品酒店的每一个房间里，布料的质感、灯光的温度，甚至客房服务菜单的字体选择，都在传递着品牌的精致和对客户关怀的承诺。这些细节共同构成了一种无声的语言，向顾客诉说着品牌的历史和未来的愿景。就像是一场无声的对话，在每一次的服务交付中，悄无声息地在顾客的心中种下了品牌的种子。

（四）

服务场景中的互动元素，比如零售店的智能试衣间、汽车展厅的定制化触摸屏、健身中心的个性化运动追踪，以及图书馆的电子阅读区等，为品牌教育提供了丰富的平台。这些元素允许顾客在享受服务的同时，深入学习和理解品牌的独特之处。例如，高科技公司的体验中心通过虚拟现实（VR）技术让顾客沉浸在未来科技的世界里；银行和金融机构的互动展示则解释复杂的金融产品，帮助顾客做出更明智的投资决策；美容院通过提供定制的皮肤分析服务，让顾客了解个性化护肤方案。这种互动式的教育方法使品牌价值和文化不仅在顾客心中扎根，更在他们的生活中生长和开花，从而增强了品牌忠诚度和顾客满意度。

（五）

服务场景的共生属性，在不同行业中展现出各自独特的互动形式和成长路径。在现代咖啡馆中，顾客对咖啡口味的反馈直接影响了下一季的咖啡豆采购与烘焙技术的改进。科技产品店提供的定制服务，如智能手机的配置优化，根据顾客使用习惯的数据反馈进行更新，使得产品与用户需求同步进化。而在时尚零售店，顾客在试衣间的互动镜像中拍摄的穿搭照片，可以直接反映到店铺的服装搭配建议中。在汽车销售与服务中心，顾客关于驾驶体验的反馈，成为未来汽车设计的重要参考。健身房通过会员的健康追踪数据，不断优化训练课程和健康管理计划。在图书馆和书店的阅读角落，读者的书评和讨论，可能会影响下一批书籍的选购与推荐系统的算法。每一个细微的互动都可能引发服务和产品的迭代，这种共生的关系让企业的服务场景与顾客的体验紧密相连，共同塑造着彼此的成长和进步。

（六）

这些服务场景不仅仅是空间的布局，它们也是品牌精神的物理显现，是文化和价值的三维投影。在这个大场景中，教育、品牌、价值得到了共生与发展，创造了无限的可能性和持续的吸引力。

三、新模式都是技术驱动管理

（一）

阿里巴巴成立于 1999 年，旗下拥有淘宝、天猫、支付宝等众多知名平台。它无疑是一家典型的技术驱动管理公司。在大数据与决策支持、人工智能与自动化、平台化业务模式，以及客户体验与个性化方面，展现出了卓越的表现。

在大数据与决策支持方面，阿里巴巴巧妙地运用其庞大且多元的用户数据，不仅优化了搜索算法，更提升了个性化推荐的精准度。这一战略确保用户在浩瀚的商品海洋中迅速定位到他们所需的产品。更深层次地，阿里巴巴通过细致入微的用户行为分析，洞悉市场脉动和消费者的隐秘需求。这些宝贵的洞察为商家提供了关键指引，使他们能够更加灵活地调整库存，精准地规划营销活动。阿里巴巴的这种大数据驱动的策略，不仅极大地提高了商家的市场适应性和反应速度，也为消费者带来了更加贴心和高效的购物体验。通过实时数据分析，阿里巴巴能够预见并引领市场趋势，进而在竞争激烈的电商领域中保持领先地位。

在人工智能与自动化的领域，阿里巴巴通过采纳尖端的 AI 技术，显著地提升了其服务质量和效率。以"阿里小蜜"为例，这一智能客服机器人能够熟练处理数以百万计的日常咨询，从简单的商品查询到复杂的交易问题，它都能迅速、准确地给出解答。这不仅极大地减轻了人工客服的工作负担，同时也显著提升了客户服务的响应速度和质量。此外，阿里巴巴还运用AI技术革新了其物流系统。通过精准的数据分析和智能算法，阿里巴巴的物流网络能够实现货物的快速、高效分配和运输。无论是国内快递还是国际货运，AI驱动的系统都能确保货物按时准确地到达目的地。

在平台化业务模式方面，阿里巴巴成功地通过其电商平台打造了一个强大的网络，连接了数百万买家和卖家。这个互联网时代的集市不仅让交易变得更为高效和便捷，而且通过整合了支付宝这样的支付解决方案和全面的金融服务，为用户提供了无缝的一站式购物体验。在这个平台上，消费者可以轻松浏览和购买各类商品，而商家则能够有效地展示和销售其产品，实现即时的市场反馈。

阿里巴巴的平台化不仅限于购物，还扩展到了数字支付、金融服务乃至云计算等多个领域。例如，支付宝不仅简化了购物支付流程，还为用户提供了理财、信贷和保险等多样化的金融产品。此外，阿里云平台的推出也让企业客户能够利用云计算和大数据服务，以优化其业务运作和数据管理。

（二）

如同阿里巴巴一样，当代数字化组织的创新商业模式，无一例外都是由技术驱动的管理所塑造。以青豆集团为例，我们的技术团队多年来构建了一个涵盖员工、经销商、班主任、中外籍教师及百万学习者的庞大生态系统。在这个系统中，所有相关方都紧密地共生于一个多层次的数字平台之上，其互动和运作犹如生产线上的工人在流水线的各个节点上一样。

不同于流水线那种固化的物理流程，数字化平台呈现出一种更为柔性的特质，它是由成百上千甚至成千上万个数字流程所构成的复杂流程集合。这些流程代表了商业模式和价值链中转化为数字化操作的各个环节。在这个平台上,像流水线上的工人不必了解整条生产线的全貌一样,平台上的每个人也不需要,也无法完全掌握整个平台的所有细节。在这样的大图景中,我们看到了一个明显的模式:是平台和技术在驱动人的行为和决策,就像流水线引导着沿线的装配工人一样。平台比在它上面的所有人都聪明、强大、全能,因为它吸收并固化了多年来使用平台的所有人的智慧。无须怀疑由人制造和迭代的平台比每个它上面的人都聪明和强大,就像无须怀疑人造的汽车比人跑得快、人造的飞机比人飞得高、人造的电脑和手机在无数专项上比它的主人强得多一样。今天的数字化组织,已经是技术在驱动人,而不是人驱动技术了。而这一趋势,还是各数字化组织中的人们努力追求来的。

(三)

技术塑造了现在的新时代,并成为推动商业运作、重构组织结构和工作方式的核心力量。作为实现高效率和创造市场动态的关键工具,技术成为企业竞争力的中心。云计算、大数据、人工智能和物联网等先进技术正重塑着企业的运营方式。技术驱动的管理策略是当代企业发展的关键。

四、数字化支撑异业合作模式

(一)

在当今这个日新月异的时代,我们每天都在享受异业合作带来的红利,尽管许多人可能还未完全意识到什么是异业合作。阿里巴巴就是数化支撑异业合作模式的杰出代表。我们日常生活中的许多便利，如手机充值、刷脸支付，都是这家公司与其他行业合作的成果。支付宝不仅与电信运营商合作实现手机充值，还与许多零售商店合作，提供便捷的面部识别支付服务。此外，饿了么这一平台的成功，也源于与无数餐饮企业的紧密合作。而在支付宝上，我们还可以轻松处理生活中的各种缴费，如水电费等，这正是支付宝与各地供电、供水企业合作的成果。更令人印象深刻的是，支付宝还与多个政府部门合作，提供包括全国通办、公积金查询、社保医保管理、公安出入境服务、就业信息、交通管理等服务，这些都是其与政府部门的异业合作实例。

阿里巴巴的异业合作模式不仅数量庞大，且仍在不断扩展。这背后的原因何在？正是因为旗下的饿了么、支付宝等数字平台，本身就是设计为支持和促进异业合作的。在这个数字化时代，类似的模式已成为主流趋势。例如，脸书通过其广告平台与各行各业的企业合作，提供精准的市场推广服务；苹果的 App Store 会聚了各类开发者的应用，为用户提供丰富多样的服务，同时也为开发者提供了一个强大的分销渠道；网飞与电影制作公司和电视台合作，提供独家内容，改变了传统的娱乐消费模式；优步则与城市交通系统、食品服务和物流公司合作，提供多样化的移动和配送服务。

这些平台不仅仅是技术服务提供者，更是不同行业间合作的桥梁和催化剂。它们通过提供技术支持和用户接口，使得不同行业的企业能够更容易地建立联系和合作，从而创造出新的商业价值和用户体验。这种跨界合作模式已成为数字化时代的一大特色，不断推动着商业和社会的进步。

（二）

数字化支撑异业合作，对于平台企业来说，就能够推导出它的反向结论，那就是：凡平台企业，在发展其平台时，事先就应把平台支持异业合作的潜力植入其中。这不仅是一种前瞻性的商业策略，更是在快速变化的市场环境中保持竞争力的关键。

具体来说，数字化企业在设计和发展其数字化平台时，应重视平台的开放性和灵活性。这意味着平台应具备与多种业务模式和行业标准兼容的能力。例如，一个电子商务平台不仅要支持传统的零售交易，还要能够适应数字内容的销售、虚拟服务的提供，甚至是跨境交易的需求。

数字化企业应积极构建生态系统，鼓励和促进平台内外的合作。这可以通过建立合作伙伴网络、举办行业峰会、提供合作资金支持等方式来实现。通过这样的生态系统，平台不仅可以加强与现有合作伙伴的联系，还能吸引更多新的合作伙伴加入。

平台企业还应注重收集和分析数据，以便更好地理解不同行业的需求和趋势。通过利用大数据和人工智能技术，平台可以为企业提供深入的市场洞察，帮助它们发现潜在的合作伙伴和市场机会。例如，通过分析用户行为数据，平台可以发现与某个行业产品或服务的潜在匹配点，从而促成双方的合作。

为了促进异业合作，平台企业还应强化自身的技术支持和服务能力。这包括提供强大的 API（应用程序编程接口）、有效的技术支持团队以及灵活的定制服务。这些技术和服务能够帮助合作伙伴更容易地接入和使用平台，从而降低合作门槛，加速合作项目的实施。

（三）

作为数字化企业的青豆集团，在旗下主打项目说客英语的 10 多年发展历程之中，用心最多的就是支持未来异业合作平台的打造。我们在 2013 年创业早期，就把说客英语平台未来支持异业合作的发展方向明确了下来，并且在平台迭代的任何阶段，我们都重视平台的开放性和灵活性，以便支持未来非语言教学类课程项目，适应各种数字内容的销售、虚拟服务的提供甚至跨境交易的需求。

这些年来让我们最自豪的发展之一，就是发展和构建了百万人以上的生态系统，并鼓励和促进了平台内外的合作。一方面，通过平台，说客英语拥有良好的合作伙伴网络，不但加强与现有合作伙伴的关系，还能吸引更多新的合作伙伴加入。另一方面，10多年来我们收集和分析了大量数据，为本企业提供了深入的市场洞察。我们一直坚持强化自身的技术支持和服务能力，包括强大 API 体系的开发，帮助异业合作伙伴更容易地接入和使用平台，降低合作门槛。可喜的是，青豆集团目前已经有 8 个异业合作项目进入建设阶段，如与国内外大学以及其他类型教培行业合作等。

（四）

对于平台企业而言，将异业合作的潜力融入其平台发展战略中，是实现长期成功和持续创新的关键。在这个日益数字化和互联互通的世界里，那些能够抓住异业合作机会的平台企业，将会在激烈的市场竞争中脱颖而出，成为行业的领跑者。

五、模式创新需要解决关键问题

（一）

在 21 世纪初，电子商务在全球范围内迅速发展，美国的 eBay 是当时的领头羊，它通过线上拍卖和销售平台主导了市场。2003 年，阿里巴巴集团推出了淘宝网，这时易贝（eBay）已经进入中国市场，并迅速成为主要竞争者。

淘宝在创新商业模式时面临的最大挑战，是如何在已由 eBay 主导的市场中立足。当时，eBay 在中国市场的操作模式与其在美国的模式类似，收取卖家交易费用和展示费用。对于许多中国卖家和买家来说，这种模式并不理想，尤其是在电子商务尚未完全普及的情况下。

淘宝决定采用一种大胆的商业模式策略：实行"永久免费"。这意味着卖家可以在淘宝上免费发布商品，不需支付任何交易费用。这一策略迅速吸引了大量卖家和买家，使得淘宝在短时间内积累了庞大的用户基础。

虽然初期淘宝采取了免费模式，但它逐渐发展出其他盈利途径。例如，通过为卖家提供有偿的广告服务、店铺装修等增值服务，以及后来的支付宝等金融服务，淘宝不仅能够维持运营，还能够获得盈利。这种模式让淘宝能够持续创新，同时保持对用户的吸引力。

通过创新的商业模式，淘宝成功地从 eBay 手中夺取了中国市场的领导权。这个案例展示了如何通过理解本土市场的特殊需求，采取创新策略来解决商业模式创新中的关键挑战，以追求企业战略性目标。

（二）

在商业模式创新中不能逃避困难但重要的问题，而应避免简单模仿同业其他企业的现有商业模式，直面并解决根本性难题是至关重要的。这些难题往往是企业成长和创新的关键，它们可能涉及市场变化、技术革新、消费者需求等多个方面。简单模仿竞争对手的商业模式往往只会在短期内带来效益，但长期来看，这种策略缺乏持久性和竞争优势。每个企业都有其独特的资源、能力和市场定位，因此需要发展符合自身特点的创新商业模式。这样的模式更能体现企业的核心竞争力。而从长远来看，持续的创新是企业生存和发展的关键。企业应不断探索新的商业模式，以适应快速变化的市场和技术环境。这种持续创新的过程有助于企业建立自己的特色，形成难以复制的竞争优势。

（三）

青豆集团在过去10多年的创业和创新旅程中，勇敢地直面了无数商业模式方面的挑战。我们面对的问题多种多样，比如如何为不同收入阶层的用户提供高性价比的"一对一"英语服务，让他们能够享受到英语国家教师的沉浸式教学体验。我们还必须在充满竞争的市场中解决获取客户的问题，同时避免高昂的成本，因为这些成本最终会转嫁给学习者，这与我们的企业理念不符。此外，我们还面临如何用极少的人力资源（例如，仅5人）高效管理成千上万名国内外英语教师的教务工作（包括招聘、考核、教学质量管理等），以及解决经销商管理问题和资金短缺等挑战。

这些挑战对于我们来说是不可回避的，否则我们也会像其他同行那样陷入同质化竞争的泥潭。我们所追求的，是通过商业模式的创新来解决这些关键问题。因此，模式创新的逻辑形成了：创新不仅要与我们的战略目标保持一致，还要解决这些对公司至关重要的问题。在这个过程中，模式创新既是手段，也是目标的实现路径——解决关键问题，实现战略目标。最终，如之前的章节所述，青豆集团通过独特的S2B2C商业模式、不断迭代的平台（比如中台，十一年来持续每月迭代两次）、将老用户转化成负责获客和本地化服务的经销商、开辟海外教师基地等方式，成功地解决了这些问题，跑通了创新的商业模式，实现了稳定的盈利和充满希望的发展前景。

（四）

商业模式创新要面向关键问题的解决，过程中要强调挑战的直面与克服，并在过程中借助创新思维达到目标。每个企业都必须根据自身的资源、能力和市场定位来发展独特的商业模式。通过不断探索和适应市场变化，企业可以建立难以复制的竞争优势，实现长期的生存和发展。这一过程不仅是商业战略的实现，更是企业文化和价值观的体现。最终，成功的商业模式创新不仅解决了眼前的问题，更为企业开辟了新的发展道路，实现了战略目标和长期愿景的同步发展。

六、模式设计符合服务经济细和慢的本质

（一）

茶道的精致世界反映了服务经济中"细"和"慢"的精髓。每一寸空间，每一束光线，每一件茶具，都承载着历史的沉淀和文化的精神。在这里，时间似乎放慢了脚步，让人的心灵与自然和谐共鸣。茶师穿着素雅的衣服，其每个动作都透露出一种天成的优雅和深深的敬意。当茶师轻柔地展开一块精致的茶巾，细心地擦拭着每一件茶具，那份专注和虔诚，仿佛在告诉我们，每一次接触都是与传统的对话，每一次清洁都是对茶道精神的一次致敬。随着茶师稳稳地把手中的竹筛靠近碗边，细细地筛下茶粉，粉末轻落如烟，犹若山间初霁的薄雾轻拂着山涧。这一刻，宁静凝聚在空气中，茶香在空间里缓缓舒展。茶师的手势就像是在绘画，每一次转动，每一次摇曳，都是对美的一次追求，对和谐的一次演绎。

茶道之美，是每一步精确无误的动作，是每一道细致入微的流程所共同绘制的画卷。这份慢，正是历史智慧与文化精华经过近千年的迭代与淬炼，层层叠加，最终凝结而成的艺术结晶。在这漫长的历史长河中，每一

个细小的改进都是对"慢"的一次回忆，一次对传统的深深缅怀。在历经数百年的时间沉淀下来的茶道中，每一个细节，无论是茶具的选择，还是茶室的布置，都不断地经历着反复的琢磨和改良。这样的迭代不是一蹴而就的，而是代代茶师心血的累积，是对完美的追求和对传统的传承。在现代，茶道仍然在不断演进，融入新的元素，但其核心——对时间和传统的尊重，以及深思和内省的过程——始终未变。

（二）

"细"和"慢"是服务经济的本质特征。

服务业的"细"是指将服务流程分解为更小的步骤，以确保每个环节都能以最高标准执行。在喧嚣的都市咖啡馆，咖啡师以匠心独运的手法精调每一粒咖啡豆，确保香醇的滋味触及每一位顾客的味蕾；在讲究的餐厅里，厨师如同艺术家般精雕细琢，将食材变化为美味佳肴，每一道工序都经过精密计算和创意演绎；在专业理发店的镜前，理发师以其巧夺天工的剪裁，为顾客塑造个性与风格并存的发型；在酒店的客房内，服务员将细心与周到融入房间的每一个角落，使得整洁与雅致成为宾至如归的同义词；在 SPA 中心，理疗师巧妙地利用音乐与香薰的和谐搭配，为顾客打造一方静谧的避风港。

在青豆集团的说客英语服务平台上，无论是通过精致的网页版还是便捷的手机应用，每个用户界面的设计都经过精心布局，从课程预约到口语测评，再到 VIP 专有服务，每一项功能的设计都旨在提供无缝的用户体验。已约课程的管理、教师的挑选、教材的适配以及上课时间的个性化设置，都显现出该平台对服务细节的极致追求。而套餐中心能够满足各种学习需求的精选套餐，内容丰富的服务中心，以及个人学习顾问的"一对一"服务，都体现了平台对教育服务"细"的理解与执行。在这些场景中,"细"不仅体现在技艺上的精进,更是服务提供者对顾客体验深度挖掘的结果。每一处细节的关怀都是为了在顾客心中留下无可替代的印象,每一次服务的细分都是为了精准地满足顾客的需求。这种对服务流程的深度分解,使得服务变得不再是一种单向交付,而是成为一场互动的艺术,其中每一个环节都被赋予了生命和情感,共同织就了一幅幅顾客满意度的精美画卷。

(三)

服务业的"慢"是时间和迭代的艺术,每个服务细节都需要漫长时间的迭代。这不仅是指速度上的慢,更是一种持续改进和深化服务的过程。例如,在豪华酒店行业中,客户体验的每一方面从入住流程到退房服务,长年累月的细微调整,使得服务变得更加流畅和个性化。在航空公司,从在线预订系统到行李处理流程,经历了无数次的优化,以适应不断变化的旅客需求和安全标准。在健康医疗服务中,患者的接待、诊疗流程乃至后续关怀都是经过长时间实践和反馈改善的结果,以确保更高效和贴心的医疗体验。在金融服务领域,无论是账户管理还是客户服务,都经过了长期的优化,旨在通过技术和人性化的服务提升用户的便利性和安全性。

青豆集团的平台,10多年来如同一棵不断生长的树,每个月都有两次迭代的机会去修剪枝叶、壮大根基。尤其是中台的迭代,不断地精简流程、增强功能,以响应市场和用户的深层需求。这些迭代的成果不是一蹴而就的,而是经过持续的、精益求精的工作精神积累而成。

(四)

服务经济的"细"与"慢",是其商业模式设计的精髓所在。这不仅仅是对服务流程的精细化管理,更是一种深入骨髓的商业哲学。在这个哲学中,每一个微小的环节都被赋予了意义,每一次时间长河中的迭代都是进步的机会。"细"教会我们关注细节，追求卓越，而"慢"则是对时间的尊重，对品质的坚持。服务经济是过程经济，过程是细节的集合，细节由迭代而更佳。服务经济的本质在于其能够持续提供价值，而这种价值的提供并不是短期内急速完成的，而是通过长期的、细致的积累和优化实现的。

七、模式设计找到你的关键量化指标

（一）

服务行业商业模式的设计，很大程度上是一个试错的过程，而不是单纯依靠一次灵感或创意即可完全形成的。而在这一过程中，找到或开发出最能反映客户满意度和企业服务交付能力的关键量化指标，对商业模式的迭代和成熟起着至关重要的作用。

以 Costco 为例，它是仓储式批发零售行业，甚至全球商业世界中商业模式创新的典范。其在 20 世纪 80 年代创业初设计和完善其商业模式的时期，就使用着一些与其战略一致且非常实用的关键量化指标，比如会员增长率和续费率指标、平均交易价值指标、库存周转率指标、顾客满意度指标、销售额增长率、运营成本与收入比率指标，以及员工满意度和生产力指标等。

Costco 非常重视会员增长率和续费率。这两个指标直接关联到客户忠诚度和市场接受度，以及 Costco 商品和服务的质量、优惠的会员制度等。

平均交易价值（ATV）是 Costco 用来衡量每次购物的平均花费的关键

指标。这不仅反映了顾客的购买力，也体现了Costco在产品多样性和价格竞争力上的策略成效。

库存周转率（ITO）作为零售业的一个重要指标，对Costco来说尤其重要。它表明了Costco高效的库存管理和快速的商品流转能力，这两点对于保持低价位和高客户吸引力至关重要。

顾客满意度（CSAT）指标是Costco密切关注的。通过定期的顾客满意度调查，Costco能够及时了解并改进其服务，确保顾客体验的持续优化。

销售额增长率（SGR）是衡量Costco业务扩展和市场份额增长的重要指标。运营成本与收入比率在Costco的商业策略中也占据了重要位置。Costco以其高效的运营模式和低运营成本著称，这使得公司能够在激烈的市场竞争中保持优势。此外，Costco还非常注重员工满意度和生产力，因为员工的满意度和投入直接影响到顾客服务质量和整体业务效率。

通过这些精心挑选和管理的量化指标，Costco不仅在其创业阶段奠定了坚实的基础，而且为长期的成功和可持续发展提供了关键的导向。

（二）

商业模式的设计和优化是一个动态的、持续的过程，量化指标在这个过程中发挥着关键的作用，帮助企业更好地导航、调整、决策、管理风险以及创新。

作为导航和调整的工具，量化指标帮助企业理解它们当前的位置以及是否朝着正确的方向前进。作为决策的基础，量化指标提供了客观的数据支持，使得决策过程更加科学和理性。企业可以基于这些数据来制定策略，而不是完全依赖主观判断或偶然的灵感。

此外，作为风险管理的工具，量化指标可以帮助企业识别和评估潜在的风险点，从而采取预防措施或减轻风险。而作为优化和创新的辅助，可以通过对关键指标的分析，发现改进和创新的机会。

当然，在服务业，对客户反馈的量化非常重要。通过跟踪与客户满意度和行为相关的量化指标，企业可以更好地理解客户需求，从而优化其产品和服务。

（三）

在服务行业中，不同领域对量化指标的重视各有其特点。以酒店业为例，关键的量化指标包括入住率、平均房价、客户满意度及在线评价得分。而对于餐饮业来说，更加关注的指标则是顾客流量、回头客比例、菜品的受欢迎程度以及服务时间效率。对于青豆集团的说客英语项目而言，其技术平台和不同的利益相关者群体，如学习者、教师和经销商，都采用了各自适应的量化指标。这些指标包括平台功能改进请求率、学习者课时与英语评级提高率、教师和学习者互评数据中挖掘出的好评率与差评率、经销商投诉率、获客平均成本以及班主任好评率等。这些指标为企业整体商业模式的持续进化提供了重要的支持和方向。

（四）

随着大数据分析和人工智能技术的发展，服务行业对量化指标的应用更加精细和高效。例如，通过大数据分析，酒店可以更准确地预测客房需求，优化定价和库存管理。人工智能技术可以帮助金融服务提供商更好地理解客户需求，提供个性化的产品和服务。以说客英语为例，许多量化指标，如教师好评率、经销商获客人均成本等指标，是由大数据给出的。这些技术的应用不仅提高了量化指标的准确性和实用性，也推动了商业模式的创新。

在企业不同的成长阶段，其对量化指标的关注重点也随之变化。在创业的初期阶段，企业可能主要关注品牌知名度、客户增长率以及市场的快速反应。随着企业逐渐成长和发展,这种关注将逐渐转向如何有效维护客户、提升利润率,以及扩大市场份额。到达成熟阶段后,企业将会更加重视提高运营效率、加深客户忠诚度以及开拓新的市场领域。这种随时间推移而变化的关注点,反映出企业商业模式在不断进化过程中,不同量化指标的重要性和作用。

(五)

在商业模式的设计与优化过程中,找到合适的关键量化指标具有不可估量的重要性。量化指标的妙用在于它们的客观性和可衡量性。它们提供了一种明晰且实用的方法,使得企业能够基于具体数据做出合理决策。此外,量化指标作为企业战略规划的基石,有助于把握市场动态,优化客户体验,提高运营效率,甚至在一定程度上预测和塑造市场趋势。

因此,无论是在创业初期还是企业成熟期,持续关注并优化关键量化指标,对于确保企业的长期成功和可持续发展至关重要。对于追求长期成功和市场领先地位的企业而言,发掘、监测和优化关键量化指标,是一项既富有挑战又充满机遇的任务。然而正是这些关键量化指标,反映了企业商业模式的核心质量,引领着企业在激烈的市场竞争中稳步前行。

八、高端服务业的零售模式创新

(一)

在 2025 年的一个清晨,阳光透过窗户洒在了杰克的书桌上。杰克是一名英语在线教育者,他的一天从打开他的先进教学平台开始。这个平台不仅仅是一个软件，还配合特定硬件，它集合了 AR、VR、MR 和 XR 等多种技术，为学习者创造了一个全新的英语学习世界。

杰克戴上他的 AR 眼镜，一瞬间，他的书房变化成了一个充满活力的伦敦街道。在这条街道上，双层巴士缓缓驶过，街边的小店里传出了地道的英国口音。远处，伦敦眼在晨光中缓缓旋转，泰晤士河上的小船轻轻摇晃。

来自世界各地的他的学生们，也同样在这个虚拟空间中出现。一个学生出现在仿真的海德公园里，她的虚拟形象正在和其他游客一起喂鸽子；另一个学生则站在大本钟下，仰望着这座历史悠久的钟楼。他们都穿着自己的 VR 设备，使得每个人都仿佛真的站在伦敦的街头。

杰克开始讲解，使用一种互动的方法。他指向一个历史建筑，让学生猜测其历史和重要性。然后他模拟了一个购物场景，学生要在一家虚拟的英国杂货店里用英语购物，练习他们的语言交流技能。

在这个仿真环境中，学生不仅能听到周围的环境声音，如路人的谈话和远处汽车的轰鸣声，还能感受到轻微的风和天气变化，如阳光的温暖或细雨的滴落，使得他们的听说能力训练更加生动和真实。这样的场景细节，极大地提升了学习体验的丰富性和沉浸感。

（二）

与此同时，另一位学习英语的女学生小云，正在戴上她的 MR 设备，眼前的世界立刻发生了变化。她发现自己坐在一间宽敞、装饰精美的会议室内，墙上挂着大型屏幕，显示着各种市场数据和图表。会议室外透过全景窗户可以看到繁忙的城市景观，高楼大厦在窗外林立，映衬出这是一场重要的商务会议。

桌子周围坐满了其他参与者，他们虽然是虚拟的，但看起来却栩栩如生。这些虚拟伙伴来自世界各地，有的西装革履，有的身着传统服饰，展示出多元文化的背景。他们的每一个动作、表情都显得十分真实，仿佛真的和小云在同一个房间里。

小云的任务是向这些国际商业伙伴介绍她的项目，并就合作细节进行讨论。她开始用英语陈述，语气自信而流利。当她遇到难以表达的观点时，MR（混合现实）设备会及时给出词汇建议和语法提示，帮助她更准确地表达自己的意思。

讨论过程中，小云可以直观地看到虚拟伙伴们的反应和态度，从而调整自己的沟通策略。这种互动不仅锻炼了她的英语口语，还提高了她处理复杂商务场景的能力。

通过这样的 MR 模拟环境，小云能在无压力的情境中练习实际的商务英语交流，为面对真实世界中的商务挑战做好准备。这种体验不仅提升了她的语言能力，也增强了她在商业环境中的沟通自信。

（三）

在元宇宙（Metaverse）的一个英语角，学生聚集在一起，进行自由交流。这个空间是由数字孪生技术创造的，它精确地复制了一个真实世界的英语角，让学生感觉自己真的身处其中。

在这个由元宇宙技术构建的英语角中，学生仿佛置身于一个充满生机的国际社区。环境设计得十分逼真，从蜿蜒的小径到四周繁花似锦的园林，每个细节都让人感觉宛如亲临其境。学生的虚拟形象在这个环境中自由行动，他们或坐在园林的长椅上交谈，或在咖啡馆的户外座位分享彼此的故事。

在这里，学生不仅可以分享自己的文化背景，还可以参与多种语言学习活动。例如，他们可以参加一个模拟的国际美食节，其中每个摊位都代表一个国家，学生需要用英语与虚拟摊主交流，了解不同国家的美食文化。这种互动不仅增加了学习的趣味性，还提高了学生的语言实际应用能力。

人工智能教练在这一切中起着至关重要的作用。它通过高级算法实时监测每位学生的语言使用情况，记录他们的进步和挑战。对于发音不准确的学生，AI教练会提供个性化的反馈和建议，比如通过模拟对话练习和发音校正游戏来提高他们的发音清晰度。此外，AI教练还能根据每位学生的兴趣和优势推荐特定的语言游戏或文化交流活动，以此激发他们的学习动力。

在这个充满活力和多元文化的元宇宙英语角中，学生不仅能够提高英语水平，还能拓宽国际视野，体验到语言学习的无限可能。

（四）

杰克、小云以及元宇宙英语角，这些教学场景可能源自同一家在线培训企业，也可能属于不同的类似机构。但无论如何，它们都是未来英语在线教育和更广泛的高端服务业零售模式创新的缩影。

面对这样一个充满机遇和挑战的时代，企业家必须意识到时间的宝贵。这不仅是一个技术革命的时代，更是一个思维革命的时代。企业家需要跳出传统的思维框架，敢于拥抱变革，敢于在未知的领域探索新的可能。今天的投资，不仅是对技术的投资，更是对未来的投资。对于所有的企业家来说，现在正是行动的时刻。历史从不怜悯那些错过机遇的人。让我们一起迎接这个充满无限可能的未来。

九、将一切运营活动连贯起来

（一）

在 2014 年的极客公园创新者峰会上，特斯拉创始人埃隆·马斯克和联想集团 CEO 杨元庆之间的对话，揭示了特斯拉以用户为中心的经营理念，展现了一种独特的商业模式和运营活动的整合方式。

马斯克强调，特斯拉没有投入任何广告和明星代言费用。这种策略反映了特斯拉坚持的核心原则——以产品质量和用户体验为中心，而非传统的营销手段。特斯拉的成功不依赖于传统广告，而是基于产品本身的性能和用户的口碑。这种方法充分体现了从用户的真实需求出发，倒推企业经营的模式。

特斯拉的商业模式也体现在对产品和服务的精细化管理上。马斯克提到，他们不断优化产品，每个月都在进行微小的改进，这些改进虽然不易被察觉，但对于提升用户体验至关重要。这种持续的创新和改进过程，从根本上是为了更好地满足用户需求，形成了一个从用户需求出发，经由企业内部的资源整合和创新，再回到满足用户需求的完整闭环。

马斯克还谈到，特斯拉采用的直销模式是为了保证客户体验的一致性和高质量。这种销售模式的选择，也是企业运营活动中考虑用户体验的一种体现。通过直接与客户互动，特斯拉能够更好地理解和满足客户需求，同时这也推动了公司在产品设计、制造、销售等方面的创新和整合。

总体看，特斯拉以用户为中心的运营模式，不仅限于其产品和技术上的创新，还包括其营销、销售和服务模式的革新。这种模式将企业的所有运营活动和资源整合为一个连贯的价值链，这条价值链起点和终点都紧密围绕着用户需求，从而形成了一个高效且自我增强的运营闭环。

（二）

将一切运营活动连贯起来，核心在于从用户的真实需求出发，深度融合企业的各个运营环节与资源，最终致力于实现一个以客户为核心的商业愿景。这种方法超越了对单一运营环节的优化，而是促使企业以全局视角，彻底重新审视和策划其整体运营策略。它要求确保公司的每一个操作环节，都紧扣客户需求，确保从客户角度出发，构建一个全面、高效、以客户满意度为导向的运营体系。在实践方面，这意味着企业需要从客户的真实需求出发，设计和调整其产品开发、市场营销、销售策略及服务流程等各个方面，确保这些环节不是孤立运作，而是相互支撑、相互强化，共同构建起一个高效且有机的整体。这种方法要求企业领导者和管理层抛弃仅从自身熟悉的领域或过去的工作习惯出发的局限性思维，而是要采用一种更全面、系统的视角，考虑如何通过不同运营活动的协同作用，更好地满足客户需求。

以特斯拉公司为例，其成功的秘诀就在于将产品质量、用户体验及创新贯穿于企业的各个运营环节。特斯拉没有采用传统的广告营销手段，而是通过直接与客户的互动，以及不断的产品优化和服务创新，构建了一个以用户需求为核心的运营闭环。这不仅体现在其产品设计和技术创新上，也体现在其销售模式和市场战略上，从而形成了一条高效、连贯的价值链。

（三）

将一切运营活动连贯起来的理念，是现代企业管理和创新的核心所在。这一概念着眼于打破传统经营模式的局限，突破单一领域的依赖，如过分强调技术创新而忽视市场营销的重要性，或是过度专注于营销策略而轻视产品质量和技术创新。例如，某些科技公司虽然拥有先进的技术，但由于缺乏有效的市场策略，其产品难以触达目标客户群，导致企业发展受限。另外，部分企业如某些快消品牌，可能过分依赖广告宣传和市场营销，却未能在产品创新和质量提升上投入相应资源，最终导致品牌声誉和客户忠诚度受损。

相反地，通过整体性思考，企业能更全面地洞察市场和客户需求的细微变化，从而打造出更全面、更有针对性的战略。这种方式不仅关注单一领域的优势，而是将产品研发、市场营销、客户服务等多个方面紧密相连，构建起一个相互支撑、共同成长的综合性运营体系。这样的战略能够使企业在激烈的市场竞争中脱颖而出，实现持续的增长和创新。

（四）

将一切运营活动连贯起来，要求企业在变革中保持敏锐和适应性，能够快速响应市场和客户的变化，同时确保每个环节都在为共同的目标努力：以客户为中心的长期成功。

企业的未来发展依赖于能否超越传统运营模式的限制，创新地整合各个运营部分，形成一个协同和高效的整体。这意味着，无论是在技术创新、市场策略、产品开发，还是在客户服务方面，企业都需要不断地寻求改进和创新，以确保能够持续地满足日益变化的市场和客户需求。

第六章 数字化服务创业者的营销战略

一、服务业以用户体验和口碑为准则

（一）

抖音自2016年上线以来，迅速从国内应用发展成为全球知名的社交媒体平台，这得益于其对用户体验的重视和有效的口碑传播。在初创阶段，抖音通过其简洁直观的界面和创新的推荐算法吸引了大量年轻用户。随着2018年全球扩张，抖音的国际版本TikTok通过独特的内容和社交互动快速在国际市场建立了声誉。近年来，抖音和TikTok在内容多样化和社区建设方面持续发力，不断增强用户黏性。面对全球的监管挑战和竞争，TikTok通过优化内容审核和数据安全，努力维护其良好口碑。

（二）

服务业应该以用户体验和口碑为运营准则。正如抖音案例所展示的，优秀的口碑是建立在卓越的用户体验之上的。

在用户体验方面，抖音通过五个关键策略取得显著成绩。一是个性化内容推荐。抖音的算法根据用户行为和偏好提供定制化内容，极大地提升了用户参与度和满意度。二是创意表达平台。抖音为用户提供了一个展示创造力的空间，无论是跳舞、唱歌还是其他艺术表达。三是社交互动和社区感。作为一个内容和社交平台，抖音鼓励用户通过点赞、评论、分享视频和直播来互动，增强社区凝聚力。四是简洁易用的界面。抖音的界面简洁直观，易于操作，降低了新用户的入门门槛。五是响应用户反馈。抖音高度重视用户反馈，并据此优化平台和算法，提高用户满意度和忠诚度。

（三）

当代服务业对用户体验和口碑的重视，得益于流行的体验经济（Experience Economy）和口碑传播（oral communication）的理论与实践。从体验经济的角度来看，根据约瑟夫·派恩二世（B.Joseph Pine II）和詹姆斯·H.吉尔摩（James H.Gilmore）的理论，体验经济涵盖娱乐、教育、逃避和美感四个维度。将这些元素融入服务设计，可以极大地提升顾客体验。例如，通过提供具有教育意义的内容或打造美观的环境，服务业可以在顾客享受服务的同时，满足他们的求知欲和审美需求。这不仅增加了顾客的参与感，还提高了整体服务价值。

体验经济的核心之一是定制化体验，它强调个性化服务对提升顾客体验的重要性。在这个框架下，顾客更愿意为那些定制化且独特的体验支付费用。例如，酒店可以根据客人的喜好调整房间的布置和服务，餐厅可以提供根据顾客口味定制的菜品。这种个性化服务不仅让顾客感到特别和重要，也显著提升了服务的附加价值。

此外，体验经济还强调情感连接的重要性，因为情感和记忆在顾客体验中占核心地位。服务业可以通过创造能够引起情感共鸣的体验来与顾客建立深层的联系。例如，零售商店创造出一种温馨的购物氛围，让顾客在购物的同时感受到家的温暖；旅游业提供独特的文化体验，让游客在旅行中留下深刻的记忆。这种情感上的共鸣不仅加深了顾客与服务或品牌的联系，还能在顾客心中留下持久的印象，促进口碑的传播。

（四）

支持口碑传播的理论中，社会认同理论对服务业尤为重要。这一理论指出，人们往往会模仿他们认同的群体或个体。服务业通过建立积极的品牌形象，可以对特定群体产生影响，从而促进正面口碑的形成和传播。例如，一家餐厅通过提供环保餐具和支持可持续食品来源，可能会吸引到环保意识强的顾客群体，这些顾客的认同感和口碑分享，有助于品牌形象的建立和传播。

信息传递理论则强调口碑作为信息交流的重要途径。在这个框架下，服务业通过提供高质量的服务和积极的顾客体验，可以激励顾客向其他潜在顾客传达正面信息。例如，一家酒店通过提供个性化服务和优质客户体验，可以促使顾客在朋友和家人中推荐，从而吸引更多新客户。

在数字化时代，电子口碑（e-WOM）成为一种不可忽视的强大工具。服务业可利用社交媒体和在线平台，鼓励顾客分享他们的体验。这不仅增加了品牌的在线可见度，还能吸引新客户。举个例子，一些酒店和度假村通过在微信、抖音及其他社交媒介上分享客户的度假照片，借此展示其独特的住宿体验和美丽风景，从而吸引更多对此感兴趣的潜在顾客。

（五）

用户体验和口碑在当代服务业中扮演着至关重要的角色。优秀的用户体验不仅直接影响顾客的满意度和忠诚度，还是构建正面口碑的基础。而良好的口碑传播，无论是通过传统的人际交流还是现代的数字化途径，都是服务业在激烈竞争中脱颖而出的关键。

随着技术的发展和市场的变化，在现在和未来我们都会看到，那些能够深刻理解顾客需求、不断创新服务方式并有效利用口碑传播机制的企业将会在市场中占据主动地位。

二、场景营销邂逅软营销

（一）

用户自发的口碑传播是一种在我们日常生活中随处可见的软营销形式。想象一下，当你在朋友聚会上，听到几位亲近的朋友热情地讨论着星巴克的最新咖啡口味，他们不仅赞扬那里的咖啡质量，还对其舒适优雅的环境和友好周到的服务赞不绝口。或者，当你在社交媒体上看到一位朋友分享了他们在星巴克安静角落里的阅读时光，图片中不仅有一杯精心制作的拿铁，还有一本引人入胜的书籍，这种场景化的分享不禁让你对星巴克产生了强烈的好奇心和向往。

再比如，当你的一个朋友正在为自己孩子寻找高质量而又实惠的英语教育资源时，另一位朋友就向他推荐了青豆集团的说客英语。他兴奋地讲述了说客英语的优点，如何以每课时仅需大约 30 元的价格，就能享受到由欧美、菲律宾或中国本土的优秀外教"一对一"授课的服务。他还强调，说客英语的视频软件或网页环境功能强大、使用方便，同时教师的教学质量高，不亚于市面上价格更高的竞争对手。这位朋友甚至展示了他孩子在学习过程中的快乐照片和提升显著的成绩单，这种真实的分享和显而易见的成效，立刻激起了你朋友对说客英语的兴趣。这些都是口碑传播的典型例子，它们通过真实的用户体验和自然的社交互动来增强品牌的吸引力，从而在消费者心中留下深刻印象。

（二）

软营销（Soft Marketing）也被称为"隐性营销"（Covert Marketing）或"非侵入性营销"（Non-intrusive Marketing），是一种比较温和的营销方式，它不依赖于传统的直接广告宣传，而是通过创造吸引人的、具有教育性或娱乐价值的内容来间接地推广品牌或产品。这种营销方式强调在消费者之间激发自然的对话和推荐，同时也包括企业在媒体上发布富有情感和故事性的软文，以及通过社交媒体、博客、视频等多种渠道进行内容营销。

例如，一家旅游公司在其官方博客上发布了一系列关于世界各地隐藏景点的文章，这些文章不仅提供了有趣的旅行信息，还融入了当地的文化和历史故事，吸引读者在阅读的同时，对该公司提供的旅游服务产生兴趣。再如，一家健康饮食品牌在社交媒体上发布了一系列健康食谱和营养小贴士的视频，不仅教授观众如何制作健康美味的餐点，还巧妙地将其产品融入食谱中，这种方式既提供了实用的内容，又间接推广了品牌产品。软营销的目的是在不打扰消费者日常生活的前提下，潜移默化地影响他们的品牌感知和购买决策。这种营销方式更注重建立长期的客户关系，强调品牌价值和消费者体验的共鸣，而不仅仅是短期的销售提升。

（三）

在现代商业领域，场景营销与软营销的结合与相互作用构成了一个复杂而精妙的营销网络。场景营销，正如我们日常所见，是在特定的场合或环境中推广产品或服务的策略。例如，当你走进一家布置得温馨舒适的咖啡店，墙上挂着当地艺术家的作品，柔和的音乐在耳畔回荡，这些元素共同创造了一个让人放松的环境。在这样的场景中，咖啡店可能会推出与本地文化相关的特色饮品，这种场景营销巧妙地利用了顾客的情感和体验，增强了品牌的吸引力。

而软营销则更侧重于一种非直接、更加温和的推广方式。它更注重于通过创意内容和情感共鸣来吸引消费者，而不是直接的广告宣传。例如，一家运动服饰品牌通过发布一系列讲述普通人如何通过运动改变生活的视频故事，来激励观众并传达品牌理念。这些故事不直接推销产品，而是通过共鸣和启发，间接地将品牌形象深植人心。

在这两种营销策略的融合中，品牌能够更加深入地了解和连接消费者，创造出更加生动且具有吸引力的市场推广效果。

（四）

软营销的一个核心要素是传递企业文化。通过融入企业的价值观和文化理念，软营销能够增强品牌的情感吸引力，使其不只是产品的代名词，还是一种生活方式和思想的象征。

举例来说，一家知名的户外运动品牌通过制作一系列纪录短片来展示其对环境保护的承诺。这些短片不仅展示了壮丽的自然风光，还记录了品牌赞助的各种环保活动，如清洁海洋、保护野生动物等。同时，该品牌还在其产品标签和包装上加入了环保信息，鼓励消费者参与可持续生活方式。通过这些举措，品牌不仅传达了其核心价值观，还与那些关心环境保护的消费者建立了深厚的情感联系，使品牌在市场中更加突出。

（五）

场景营销（Scenario Marketing）与软营销的结合为现代企业提供了一种更加精细和人性化的市场推广方式。这种营销策略不仅帮助品牌在消费者心中构建了深刻的印象，更在传递企业文化和价值观方面发挥了重要作用。通过这些策略，品牌不仅成为产品或服务的代名词，还成为生活方式、思想观念乃至社会责任感的传播者。

未来的品牌营销（branding）将更加重视创造与消费者情感共鸣的内

容,更加注重在各种生活场景中自然而然地展现品牌魅力,从而达到与消费者心灵深处的真正连接。在这个过程中,品牌和消费者之间不仅是交易的关系,更是情感和价值观念的共鸣,这也是场景营销与软营销最终追求的目标。

三、好产品,好服务,好营销,好互动

(一)

产品或服务企业通过各种形式与消费者的互动,在产品销售、服务交付以及商业营销中扮演着至关重要的角色。以英语教育为例,说客英语之所以强调"一对一"的外语教学,其核心原因在于这种模式具备天然的互动特性。不同于一对多的教学方式,后者更像是以教师为中心的单向广播,缺乏有效的互动。

在医疗行业中,互动的重要性同样不言而喻。例如,一些医院采用患者参与式的诊疗模式,医生不仅仅是诊断和治疗,还会主动倾听患者的想法和感受,与他们共同探讨治疗方案。这种模式强调了医患之间的互动和沟通,有助于提升治疗效果,同时增强患者的满意度和信任感。

同样地,在零售行业中,互动也在转变传统的购物体验。例如,一些高端零售品牌通过提供定制化服务,邀请顾客参与到产品设计的过程中,从而创造更加个性化的购物体验。这种互动不仅提高了顾客的参与感,也加深了品牌与消费者之间的联系。

(二)

无论是教育、医疗还是零售行业,有效的互动都是提升服务质量、增强客户体验的关键。

在体验经济时代，互动已经超越了单纯的交流手段，成为建立深层次联系和理解的重要桥梁。然而，当前的服务行业面临着一个普遍问题：许多商品和服务机构仍旧以自身为中心，未能真正实现与客户的平等互动。

例如，在某些大型零售商店，顾客面对的往往是标准化、流程化的服务模式，这种模式虽然提高了效率，却忽略了对个体顾客需求的关注和响应。在一些传统银行中，客户往往被动地接受服务，而银行的服务流程和产品设置，多是围绕银行自身的运营效率和风险管理构建，而不是客户的真实需求。在航空行业，尽管客户体验被广泛宣传，但实际上许多航空公司的服务，依然是围绕自身运营流程优化设计的。例如，乘客在机场的安检、登机、行李处理等环节经常感受到流程的僵化和缺乏灵活性。这些流程虽然确保了航空公司的运行效率，但却忽视了乘客在旅行过程中的舒适度和便利性。

这种以企业为中心的服务模式，不但未能充分发挥互动的潜能，反而削弱了客户体验。相反地，那些真正以客户为中心提供互动体验的企业能够在激烈的市场竞争中脱颖而出，赢得客户忠诚和赞誉。因此，转变传统服务观念，实现真正的客户平等互动，对于在体验经济时代获得成功的企业而言至关重要。

（三）

互动不仅促成了用户与机构之间的认同、共识以及相互理解，而且在数字化服务组织中应被视为服务的新定义。数字化技术赋予了企业与用户之间的互动更广泛的可能性，如个性化服务、即时反馈和跨界互动，从而更好地利用互动的作用。

例如，在教育领域，数字化平台如在线学习应用程序，不仅实现了教师与学生之间的直接互动，更通过个性化学习路径和实时反馈，加强了学生的学习体验。同样地，在零售领域，数字化技术使得商家能够通过数据分析提供更加个性化的购物建议，同时即时响应消费者的反馈和需求。此外，在大多数情况下，用户的互动不再局限于与企业中具体的人员，而是扩展到与平台或人工智能之间的交互。例如，在使用饿了么这类外卖平台时，用户在选购餐饮的过程中实际上是在与系统而不是真人互动。系统根据用户的历史订单和偏好，智能推荐菜品和餐厅，为用户提供更加便捷和个性化的体验。通过这些方式，数字化服务不仅提高了企业与用户之间互动的质量和效率，而且进一步加强了用户与企业之间的联系。

通过这些数字化工具的应用，企业不仅能更深入地洞察客户需求，还能实现更有效的互动。在此过程中，营销的角色已经转变，它不仅仅局限于产品推广，更关键的是构建和维护与客户之间的持久关系。互动在这里起到了桥梁的作用，加深了双方的理解和接纳。正是这种互动，使得数字化服务能够不断进化，更好地满足用户的期望和需求，同时加强了用户与品牌之间的情感纽带。

（四）

随着体验经济的发展，互动已成为构建用户与企业之间深层次联系的关键。它不仅是沟通的桥梁，更是理解与共识的基石。在这个过程中，数字化技术的运用极大地丰富了互动的形式和内容，从而使企业与用户之间的互动变得更加高效、个性化和具有穿透力。

正是这种改变了传统服务模式的互动，为企业提供了新的发展机遇。企业不再是单向的服务提供者，而且成为用户体验的共创者。在这个共创过程中，企业通过倾听和理解，更加深入地满足了用户的需求，同时也赋予了产品和服务更多的价值和意义。

四、有温度的双向关系营销

（一）

星巴克，这家源自西雅图的咖啡巨头，巧妙地把简单的咖啡馆转变为顾客日常生活中的重要组成部分。他们的成功并非仅仅依赖于高品质的咖啡豆或丰富多样的饮品选择，而是在于运用一系列精心策划的策略，构建了充满温度的双向关系。这些策略不仅让顾客感受到真诚的关怀，同时也促成顾客与品牌产生深厚的情感连接，从而为星巴克的营销战略奠定了一个持久且可持续发展的基础。

比如，星巴克推出了"忠诚度计划"（My Starbucks Rewards loyalty program），其消费积分使顾客赢取更多优惠和惊喜的机会。星巴克同时极尽优化其移动应用程序，使得顾客与品牌的互动更加便捷和密切，顾客可以轻松地在手机上下单，避免了排队的烦恼，甚至在赶往咖啡店的路上就已经完成了点单，到店即取。更为重要的是，星巴克咖啡店提供了独特的"第三空间"体验。当顾客走进店里，舒适的座椅、温馨的灯光和轻松的音乐，都在无声地讲述着星巴克想要创造的那种轻松和放松的氛围——这里不仅是喝咖啡的地方，更是读书、工作、会友的理想选择。在这样的空间里，星巴克悄然融入了顾客生活的每一个角落。此外，星巴克对社区活动的参与和承担的社会责任，比如支持当地艺术家、举办社区活动、参与环保项目，这些活动让星巴克与顾客之间建立起了更加深层次的联系。

当顾客走进星巴克，他们不仅仅是在享受一杯咖啡，更是在参与一场社区和文化的交流。在全球化的背景下，星巴克的扩张策略也展现了对不同文化的尊重和融合。在世界各地的星巴克门店，顾客都能找到与当地文化相融合的产品，这种独特的文化体验让顾客感受到了品牌的包容性和多元化。

正是通过这些精心设计的策略，星巴克成功地将一个咖啡品牌转化为一种文化符号和有温度的社会网络，与顾客之间建立了超越产品本身的深厚情感联系。每一杯咖啡，都不仅仅是一次消费，更是星巴克与顾客之间情感连接的见证。

（二）

在当今这个数字化时代，各种组织正精心构建自己的社会生态网络。成功不再仅仅由企业自身的能力决定，更多地取决于它们如何在社会网络中发挥作用。譬如，苹果公司不仅因其创新的产品而闻名，还因其构建的广泛社交网络包括开发者、用户和合作伙伴，成就了品牌的传奇地位。同样地，阿里巴巴集团通过其电商平台连接了数百万消费者和商家，打造了一个强大的数字和社交生态系统。

这种社会网络的形成使得企业的成功转变为一种集体现象，是社会对企业的一种积极回应和广泛认可。企业的初始成功，结合其适应社会变化的能力，构成了未来成就的基石。例如，特斯拉在电动汽车市场初期获得的成功，加上其对环保趋势的敏锐适应，为其未来的发展奠定了坚实的基础。

因此，企业成功的关键在于它们能够在多大程度上融入并影响其所在的社会网络，构建出有意义、有价值和有温度的关系网络。

（三）

"有温度的双向关系营销"是一种以人为本、重视情感连接的营销策略。这种营销方式超越了传统的单向产品或服务推广，强调企业与客户之间的互动和情感交流。在这种模式下，企业不仅向客户提供产品或服务，还努力理解和满足客户的深层需求和情感期望，创造更为个性化和有情感价值的体验。

在这一过程中，"双向"体现在企业与客户之间的互动不仅限于交易，而且包括反馈、沟通和共同成长。企业不断从客户那里学习，根据客户的反馈和行为调整其产品和服务，同时，客户在这个过程中也感受到被尊重和重视，形成了正向的情感回应。而"有温度"则指的是企业在营销过程中的人性化和情感化。这种营销方式注重在客户心中建立温馨、亲密的品牌形象，通过人文关怀、文化共鸣等方式与客户建立深厚的情感纽带。

青豆集团的旗舰项目"说客英语"自创立之初，便坚守以学习者为中心的营销理念。我们深知，真正有效的营销远超过简单的服务推广，它根植于与学习者、教师、经销商以及我们的内部员工之间的深刻情感连接。通过诚挚的互动和提供性价比极高的服务，我们的目标不仅是留住顾客，更是赢得他们的长期信任和支持。这种策略的成效显著，事实上，数千名忠实学习者最终成了我们在各地的经销商。

我们的强大中台和客户服务平台不断完善，正是源于我们与经销商、教师和学习者之间长期、双向的互动沟通。我们积极从各方利益相关者处获取反馈，学习并不断改进我们的服务和产品。这样的过程不仅推动了我们的持续成长，也使我们的合作伙伴和客户得到共同的发展和提升。在"说客英语"的发展道路上，我们与所有利益相关方携手同行，共同成长，铸就了今日的成就。

（四）

有温度的双向关系营销，不仅是一种创新的商业策略，更是一种深植于企业文化的哲学。它要求企业超越传统营销的界限，强调在人与人之间建立真挚而深远的联系，注重在每一次交互中注入情感和理解，使得每一次的品牌体验都变得独特而难忘。企业不再仅是销售产品或服务，更是在建立一个以信任和共鸣为基础的社区。企业和客户在这个社区中共同成长，一起塑造一个充满活力、互动和创新的生态系统。这样的营销追求培养长期、积极的品牌形象，这种形象深植于人们的心中，长久而深远。

五、本地化导师级服务

（一）

苹果公司的"天才吧"（Genius Bar）是一项非常特别的本地化导师级服务。在这里，苹果的技术专家们，也就是大家熟知的"天才"，提供"一对一"的技术支持。他们不仅技术娴熟，而且能够应对各种问题，从软件的小故障到硬件的复杂维修。而且，为了让顾客体验更加流畅，苹果设计了一个高效的预约系统。顾客可以通过网站或是苹果商店的应用程序预约，这大大节约了他们的等待时间。

除了专业的技术支持，苹果还特别注重服务体验的本地化。在不同国家和地区的"天才吧"，他们提供多种语言服务，确保不同背景的顾客都能得到有效的帮助。而且，在很多苹果零售店里，还有免费的教育课程和创意工作坊，比如摄影、视频制作等，这些通常由各领域的"创意专家"

负责教授。

苹果零售店的设计也很有特点,现代感十足,而且非常开放。这样的环境,加上店员的友好和专业,让顾客在这里感到轻松和舒适。正是这种高水平的技术支持,结合了对本地市场需求和文化差异的深刻理解,使得苹果的"天才吧"在全球范围内受到了消费者的欢迎。通过这样的服务,苹果不仅展示了其产品的品质,还强化了顾客对品牌的忠诚度。

(二)

"本地化导师级服务"可以定义为一种服务模式,并作为数字化服务企业营销战略的重要组成部分。在此模式中,企业将其顶尖的专家或专业人员直接投入不同地区或市场中,提供个性化、高度专业化的服务。这种服务不仅涵盖了传统的销售和售后支持,还包括客户教育、技术指导、产品定制建议等多方面内容。这些专家通常对当地文化、语言及市场需求有深刻理解,能够根据不同地区客户的特定需求提供定制化的解决方案。

在这种服务模式中,专家与客户之间的互动更直接、更密切,有助于建立信任和理解。例如,说客英语意识到,仅仅提供在线教育内容并不足以满足所有用户的需求。于是,说客英语开始在中国提供本地化的专家服务。这些专家不仅是英语教育经验丰富的教师,还是曾经的用户,他们亲自为学习者进行语言能力评估,制订学习计划,并选择合适的课程。这种本地化导师级的服务使得用户更加信任说客英语的产品,因为他们能得到直接、个性化的指导和反馈。

同样地,在宜家的全球零售体验中,我们也能看到类似的服务模式。宜家的员工不仅提供基本的销售支持,还能根据顾客的具体需求提供家居设计和装饰建议。这种服务尤其在不同文化和市场背景下显得非常重要,因为家居装饰需求在不同国家之间有很大差异。宜家通过这种本地化的导师级服务，成功地为顾客创造了更加贴心和个性化的购物体验。

专家们不仅提供解决问题的方案，还能从一线收集宝贵的反馈和市场洞察，有助于企业改善产品和服务，优化企业战略。同时，这种面对面的交流使得服务更加人性化，能够更好地适应和满足用户的个性化需求。

（三）

在数字化时代，虽然许多服务可以远程提供，但本地化的专家服务仍然不可或缺。例如，在医疗行业中，远程医疗技术的兴起极大地方便了患者，但在某些情况下，本地医生的面对面诊疗仍然非常重要。例如，一些复杂的疾病，如心脏病或癌症，需要专家进行细致的检查和治疗规划。本地医生对当地医疗资源和患者文化背景有更深入的了解，能提供更加精准和人性化的治疗建议。

特别是在某些复杂或需个性化的领域，如教育和高端设备维护，本地专家的介入可以大大地提升服务质量和用户体验。以高端设备维护为例，像飞机或医疗诊断设备这样的高端设备，其维护工作通常需要高度专业化的知识和技能。在这些情况下，本地化的维护团队不仅能迅速响应，还能根据设备的使用环境和条件提供定制化的维护方案，从而确保设备的高效运行和长期稳定性。

（四）

企业战略与一线知识的结合，是现代企业管理的重要方面。例如，丰田汽车公司就是这一理念的杰出代表。丰田长期以来坚持所谓的"丰田生产方式 TPS"，其中一个关键组成部分就是"现场管理"（Genba）。通过直接到生产线现场观察和了解，管理层能够获得一手的操作信息和员工反馈。这种从一线收集的知识帮助丰田不断优化其生产过程，提高效率和质量。这种结合不仅帮助企业做出更明智的决策，也促进了企业内部知识的共享和创新。

（五）

"本地化导师级服务"不仅是一种服务模式，更是现代企业与用户之间建立深厚联系的重要途径，成为连接技术、人文和商业的桥梁。这种服务理念超越了传统的销售和技术支持，涉及企业战略的各个层面，包括客户教育、产品定制和市场洞察。它强调的不仅是服务的个性化和专业化，更重要的是对本地市场的深入理解和对文化差异的尊重。

通过这种服务，企业能够更加贴近消费者的实际需求，建立起真正意义上的互信和理解。同时，这也促使企业从一线获得的反馈和知识回馈到企业战略和产品创新中，形成了一个良性循环的生态系统。

六、人文营销和创造对话

（一）

埃隆·马斯克在通过人文营销创造对话以营造和提升个人及企业IP方面，可谓是行家。他在这方面的举措看似并非刻意策划，但其效果却是显著的。作为一位公众人物和多家知名企业的领导者，马斯克通过各种渠道与公众建立了持续且深入的对话，这种对话不仅仅是信息的传递，更是情感、价值观和未来愿景的共享。他在Twitter（推特）上的活跃，不仅仅是一种社交媒体策略，更是一种新时代的人文营销展现：通过即时、直接的方式，马斯克将自己的想法、观点甚至是个人生活的片段分享给全世界，这种真实而亲近的沟通方式，使他的个人IP具有了强烈的人文色彩。

马斯克参与的公开访谈和演讲,每一次的亮相都不仅是对自身理念的展示,更是对所领导企业文化和愿景的传播。特斯拉和 SpaceX 等公司的品牌形象,逐渐与马斯克个人的形象融为一体,共同构成了强大的企业 IP。这些 IP 不仅在商业上取得成功,更在文化层面产生了深远的影响。

此外,马斯克对社会和技术议题的参与,更是一种有效的对话创造。他的每一次发言,不仅引发公众对相关话题的关注,也促进了公众对其品牌的认知和讨论。这种策略正是人文营销的精髓所在:通过持续的对话和交流,不仅传递信息,更传递情感和价值,从而深化消费者对品牌的认同和情感投入。

(二)

在当今数字化社会,企业应该通过各种人文营销的方式创造与利益相关方和社会的对话。例如,企业可以通过社交媒体平台进行实时互动,分享行业洞见和品牌故事;还可以通过举办线上研讨会或线下社区活动,提供一个面对面交流的机会,让消费者更深入地了解品牌的价值和愿景。其他有效的人文营销策略,还包括通过博客和专栏等形式,分享行业洞见和专业见解,这种深度的内容创作能够吸引那些寻求知识和见解的受众。同样地,企业领导者或代表通过参与公开访谈和演讲,也能有效传达公司的愿景和使命,这种权威性的对话方式能够提高品牌的信任度和专业形象。此外,企业可以撰写通俗易懂的书籍,将其品牌故事、行业经验或企业理念融入引人入胜的叙事之中……

通过这些多元化的对话方式,企业能够有效地与不同的受众群体建立联系,从而帮助企业深入人心,建立起独特而持久的品牌形象。这种策略不仅能够提升品牌的可见度,更能在消费者心中培养出一种深厚的情感和忠诚度。

（三）

互动营销（Interactive Marketing，又称"互动式营销"）是数字时代的主要营销方式。在这个以消费者为中心的时代，单向的信息传播已逐渐失去其有效性。现代营销更注重的是双向互动，这种互动不仅能够提升品牌形象，更能够促进消费者参与度和品牌忠诚度的提升。企业可以利用各种数字工具和平台来加强与消费者的互动。例如，社交媒体、品牌应用程序、在线社区等，都是企业与消费者互动的有效渠道。在这些平台上，企业不仅可以发布更新信息，还可以直接与消费者进行对话，回应他们的评论和问题，这种及时的反馈能够大大提升消费者的参与感和满意度。

此外，个性化营销（Personalization Marketing）也是提升互动效果的重要手段。通过收集和分析消费者数据，企业可以更准确地了解每位消费者的偏好和需求，从而提供更为个性化的服务和信息。例如，基于消费者的购买历史和浏览习惯，推送相关产品的信息或优惠，这种个性化的推广方式不仅能够提高转化率，也能增强消费者对品牌的忠诚度。

另外，参与式营销（Engagement Marketing）活动，如线上互动游戏、用户生成内容的竞赛等，也是加强品牌与消费者互动的有效方式。这些活动不仅能够提高消费者的参与度，还能使品牌形象更加生动和有趣。消费者通过参与这些活动，能够与品牌建立更加紧密的联系。

各种互动过程中，企业都应关注消费者反馈和评价，从而形成真正的双向对话。通过对消费者的反馈进行及时回应和处理，企业可以展现出其对消费者的重视和尊重，这不仅能够解决消费者的问题，还能提升品牌的声誉和信誉。

（四）

人文营销（Humanities Marketing）和创造对话的力量，在于它们能够将品牌与消费者之间的关系转变为一种更深层次的连接。这种连接超越了传统的营销方法，它不仅关注于销售数字，更关注于建立信任、共鸣和忠诚度。通过有效的人文营销，品牌能够在消费者的心中植入深刻的印象，建立起强大的情感纽带。企业所追求的不仅是品牌的可见度或市场份额的增长，也是一种持久的品牌影响力和价值。这种影响力和价值来源于企业与消费者之间真诚且深入的对话，以及在这个过程中所建立的相互理解和尊重。正是这种深层次的联系，使品牌能够在不断变化的世界中稳固地站立。

七、数字时代创业者更加需要品牌营销

（一）

在数字时代的巨浪中，广告的世界正经历着翻天覆地的变化。昔日电视广告以其高触达率和广泛影响力统治着广告界，但如今，这一形式正在迅速衰落。近十年的数据显示，电视广告的收视率和投资回报率持续下滑。与2009年相比，2020年电视广告的观众数量下降了约30%，并仍逐年下降。而与此相伴随的，是人们对传统广告形式日益增长的抵触，报纸插页广告也正经历着类似的命运，且传统报纸的读者也在迅速下降。最新的调查数据显示，超过60%的年轻消费者更青睐于在线内容，而非传统的纸质媒体。

在数字世界的广告领域，情况更显复杂。想象一下，当我们浏览社交媒体或进行网上搜索时，无孔不入的推送广告不断涌现，从彩色横幅到弹出窗口，它们试图吸引我们的注意力。然而，这些广告往往遭到用户的忽视甚至反感。人们在滑动手机屏幕时，经常不假思索地关闭这些广告，甚至使用各种广告拦截工具来避免被打扰。同时，社交媒体和搜索引擎的广告触达率并不像最初预期的那样高效，广告内容的质量和精准度成为广告商面临的重大问题。在这样的背景下，口碑传播的力量逐渐显现，它的真实性和亲和力在消费者心中树立起新的信任，为品牌带来了新的机会。然而，如何有效操控和利用这种看似自然发生的口碑传播，却成为一个充满挑战的课题。

（二）

在数字化时代，品牌营销（Brand Marketing）的挑战日益显著，尤其对于涌现的众多创业者而言。这一挑战不仅来自消费者对品牌忠诚度的变化，还源于如何有效利用数据和技术与消费者互动。

以国内小型服装品牌为例。这些品牌虽然在设计和质量上有一定的竞争力，但由于缺乏有效的数字化营销策略，难以在竞争激烈的市场中脱颖而出。它们面临的主要挑战之一是如何在社交媒体上建立强有力的品牌形象，同时与目标消费群体建立持久的联系。由于资源有限，这些小品牌难以投入大量资金进行广告推广，因此必须寻找更具成本效益的方法来吸引和保留客户。

此外，口碑营销（Word Of Mouth Marketing）对于初创企业来说是一把双刃剑。例如，一些中国的初创科技公司，在产品推出初期便遭遇了消费者对其技术可靠性的质疑，这直接影响了它们的市场表现。青豆集团旗下的说客英语在创业初期面临同样窘境，直到我们在商业模式上做出巨大改进、以S2B2C的模式实现破冰后才获得之后的稳定发展。如果初创企业不能在初期口碑方面形成突破，即使后期产品或服务有所改进，消费者对品牌的信任度仍然较低，难以迅速扭转市场的负面看法。

（三）

在数字时代，企业的数字化转型已经成为一种必然趋势。这一转型首先是因为数字化深刻地改变了消费者的购物习惯和信息获取方式，其次是由于同行业企业的转型创造了一种市场环境，使得企业在面临转型时几乎没有选择的余地。这种转型可以视为一次全新的创业过程，其中技术的角色变得尤为重要。人工智能、大数据、区块链等新兴技术在品牌建设和营销中的应用成为一项不可回避的任务。这些技术不仅能帮助企业更好地理解和服务消费者，同时，如何有效部署和应用这些技术，将成为检验企业在转型期间创新能力的重要标准。

在转型过程中，数字化给企业的运营模式带来了根本性的变化。品牌建设面临的新挑战和机遇并存。一方面，品牌需要应对信息过载和消费者注意力分散等问题。据统计，数字时代的信息量是 20 年前的数十倍，消费者每天接触到的广告信息量急剧增加，这使得他们更加容易对品牌信息感到厌烦或视而不见。另一方面，数字时代也为品牌营销带来了新机遇。例如，社交媒体平台提供了精准营销的可能性，企业可以通过这些平台直接与目标消费者互动。同时，大数据技术使得对消费者行为的分析更加精细，帮助企业制定更为有效的市场策略。

（四）

不论是处于起步阶段的新创业者还是正在经历转型挑战的成熟企业，它们都在数字时代的浪潮中面临着相似的挑战。这些挑战不单源于市场环境的迅速变化和技术革新的步伐加快，还包括消费者行为模式和期望的根本性变迁。然而，在这些挑战中，也蕴藏着无与伦比的机遇。通过高效运用数字化工具，创业者能够更加精准地锁定他们的目标市场，并借助社交媒体、大数据等现代技术手段，与消费者建立更深入、更个性化的联系。

八、更好的营销赋予用户生活方向和意义

（一）

当今世界上成功企业在商业上最大的特征之一，是它们不仅关注产品和服务本身，更关注如何将产品或服务融入用户的生活中，创造更加全面和深入的体验。

例如，苹果不仅仅提供技术产品，而且通过其产品和服务，构建了一个完整的生态系统，使消费者的生活更加便捷和智能。

星巴克强调创造"第三空间"，通过提供舒适的休闲环境和个性化服务，使顾客体验超越了单纯的咖啡消费。

阿里巴巴通过其庞大的电商平台，不仅提供商品交易，还提供支付、物流、云计算等一系列服务，形成了一个综合性的数字生活服务体系。

腾讯通过微信等社交媒体平台，不仅提供通信服务，还融合了支付、购物、游戏等功能，构建了一个全面的数字生活圈。

无印良品以其简约、高质量的产品设计著称，强调一种简单、自然的生活方式。它成功地将其品牌定位为代表一种简约、舒适生活方式的象征。

抖音通过提供一个平台，让用户发现、创造和分享短视频，促进了文化和创意的多样性。它不仅是娱乐的源泉，还是趋势和信息的传播者，影响着时尚、音乐、舞蹈等多个领域，从而拓宽了人们的视野和生活体验。

小米通过其智能硬件和 IoT 生态系统，将科技融入日常生活，提供了

智能化、便利化的生活体验。从智能手机到智能家居产品，小米致力于通过技术提升用户的生活质量。

拼多多通过其电商平台重塑了购物模式，提倡拼团购物，增强了社交元素。它通过提供低价和高性价比的商品，使购物变得更加经济和有趣。

青豆集团的说客英语通过提供在线英语教育服务，重视培养学生的全球视野和文化交流能力。它不仅教授语言技能，还鼓励学生了解不同文化，培养国际化的思维方式。这种教育理念和方法，帮助学生不仅学会英语，还能更好地理解和适应全球化的世界，为他们的未来生活和职业发展打下坚实基础。

这些企业不仅关注产品本身，更关注如何将产品或服务融入用户的生活中，创造更加全面和深入的体验。

（二）

卓越的营销不仅仅是推销产品，更是赋予用户的生活以方向和意义。杰出的企业应成为引领生活方式的赋能者，尤其是在当今这个数字化的时代，企业可以借助数据挖掘和深度洞察，探知用户及利益相关方的深层需求。这些需求有时甚至连用户自己都未曾察觉。通过这种洞悉，企业能够在其产品和服务中融入更深刻的理念，从而对人们的生活方式产生深远且富有意义的影响。

美国著名物理学家艾伯特-拉斯洛·巴拉巴西（Albert-László Barabási）曾指出，在数据丰富的情况下，高达93%的人类行为是可预测的。这一现象源于大多数行为是对外部刺激的回应，其余则是直接的需求表达。人们对刺激的反应模式和直接诉求，已在他们的广泛数据活动中留下了清晰的踪迹。例如，亚马逊利用其强大的数据分析能力，通过用户的购物历史、浏览习惯和购物车内容，精准预测并推荐用户可能感兴趣的商品。网飞公司通过分析用户的观看历史、评分和搜索习惯，为用户推荐符合其口味的电影和电视节目。而青豆集团旗下的说客英语项目在过去 10 多年中，持续深入挖掘学习者、经销商和教师的数据反馈。通过这种细致的数据分析，青豆集团不断优化其平台，尤其是中台系统，揭示了许多学习者、经销商和教师尚未意识到的潜在需求。这些宝贵的洞察随后被融入平台的持续改进、理念更新以及制度和流程的优化中，极大地丰富了企业生态系统中所有人员的生活意义和价值。

（三）

现代企业的成功越来越依赖于它们如何深入理解并服务于用户的生活。在数字化和全球化的大背景下，这种理解不再局限于简单的商品交易，而是涉及如何通过产品和服务赋予用户生活以更深层次的意义和方向。杰出的企业不再只是商品的提供者，也成为用户生活方式的塑造者和提升者。企业需要不断创新，不仅在产品和技术上，更在如何更好地融入并丰富用户生活的理念上。

第七章 服务产业操盘手的战略素养

一、操盘手的价值：洞察、稳局与破局

（一）

"操盘手"一词，在企业界常用于形容那些核心运营者，如CEO或总经理，他们是公司运营和战略决策的关键人物。作为青豆集团10年来的操盘手，我对世界上近200年来的著名操盘手保持着浓厚的兴趣。我认为，一个优秀的操盘手应该具备或努力培养以下3种关键能力：战略洞察力、稳局能力和破局能力。

战略洞察力，是在快速变化的商业环境中准确预测市场趋势、识别行业机遇与挑战的能力，涉及深刻理解企业内外部环境、客户需求、竞争对手动态，以及全球技术和经济趋势。具备此能力的操盘手能够制订具有远见的战略规划，带领企业朝正确方向前进，抓住当前及未来市场机遇，确保企业长期成功和可持续发展。

稳局能力，指的是在复杂多变的市场环境中维持企业稳定运营的能力。这包括有效的风险管理、保持良好的现金流、应对市场波动的能力，以及在不确定性中保持企业核心竞争力的能力。一个拥有稳局能力的操盘手，能够确保企业在各种挑战面前保持坚韧和持续增长。

破局能力，则是指在稳定的基础上，能够通过创新和战略调整，引领企业实现突破性发展的能力。这涉及对新技术、新市场的洞察，以及在关键时刻作出大胆而富有远见的决策。破局能力体现了操盘手对未来趋势的把握和对变革的驱动力。

（二）

基于前述 3 种能力的考量，我对 200 年来中国人较为熟悉的国内外操盘手的战略洞察力、稳局能力和破局能力进行了详细的分析和评估。以下是部分操盘手的能力强弱情况简介。

亨利·福特：洞察力（强：开创大规模生产模式），稳局能力（中：福特对市场变化反应较慢），破局能力（强：创造了现代汽车工业）。

史蒂夫·乔布斯：洞察力（强：对消费者需求和设计的深刻理解），稳局能力（中：苹果公司早期面临财务危机），破局能力（强：引领多项技术革新）。

比尔·盖茨：洞察力（强：早期预见软件的重要性），稳局能力（强：建立了强大的企业和品牌），破局能力（中：微软在某些新兴市场上反应较慢）。

杰夫·贝索斯：洞察力（强：对电子商务的前瞻性看法），稳局能力（中：亚马逊初期经历了长时间的亏损），破局能力（强：重新定义了零售和云计算）。

埃隆·马斯克：洞察力（强：洞悉未来科技趋势），稳局能力（中：公司经常面临财务和管理挑战），破局能力（强：在电动车和航天领域的革命性创新）。

雷军：洞察力（强：识别智能手机市场的潜力），稳局能力（中：小米在某些时期面临市场挑战），破局能力（强：在价格策略和品牌推广上创新）。

张瑞敏：洞察力（强：对全球化和品牌管理的洞察），稳局能力（强：海尔稳步国际化扩张），破局能力（中：在某些新兴市场和技术创新上较为保守）。

安迪·格鲁夫：洞察力（强：在半导体行业具有深刻见解），稳局能力（强：英特尔的稳定增长），破局能力（中：在市场变革中有时反应不够快）。

马克·扎克伯格：洞察力（强：对社交媒体的前瞻性理解），稳局能力（中：Facebook面临的各种政策和隐私挑战），破局能力（强：推动社交媒体的创新和发展）。

杰克·韦尔奇：洞察力（强：在管理和运营效率上的洞察），稳局能力（强：通用电气在其领导下的稳健增长），破局能力（中：虽有创新，但更注重于现有业务的改进）。

任正非：洞察力（强：对通信技术的前瞻性理解），稳局能力（强：华为在全球通信市场的稳步增长），破局能力（强：在5G等前沿技术的开发上领先）。

刘强东：洞察力（强：对电子商务和零售的前瞻性理解），稳局能力（强：京东在中国电商市场的稳固地位），破局能力（中：在全球化和新技术应用上相对保守）。

（三）

作为青豆集团的操盘手，我对稳局和破局有一些自己的见解。

稳局就是在企业经营中的两难抉择里，找到并把握关键点，特别是保持良好的现金流。在这个充满不确定性的时代，确保企业现金流的稳定至关重要。有了健康的现金流，企业就能稳步运行。这意味着要控制负债和应收账款，即便这可能牺牲一部分利润。

至于破局，它是指通过创新、技术革新来实现企业的飞跃。这是一个长期的过程，需要持续的研发和创新投入，就像OpenAI推出ChatGPT之前长期的准备一样。操盘手的挑战在于平衡稳局和破局，保持现金流的稳定的同时，努力实现突破。这是一个持续努力的过程，直到达到那个转折点。

总的来说，作为企业的操盘手，最核心的能力就是洞察、稳局和破局能力。操盘手要清楚他对企业的最大价值就在于这三点，因此要在日常工作中不断锤炼自己的决策力，同时也要勇于面对新挑战，探索未知。这三种能力可能与生俱来，也可能难以习得，这也是董事会和高级猎头公司的存在意义之一——他们负责从公司内外寻找合适的人选来担此重任。

二、小公司也有大战略

（一）

在商业世界，"小公司"通常指的是那些从创业到成长中的企业。这些公司，无论是初创期还是成长期，都必须拥有自己的大战略。

在商业领域，"大战略"其实是一种正式和系统的战略规划。对于小公司来说，制定这样的战略，本质上是在明确自身的企业身份和远景目标。这种明确化归结为两个关键问题："我们是谁？"和"我们要做什么？"这样的反复自问在思考和解决问题的领域非常流行，它是揭示问题本质、找到解决方案的有效方式。因此，我们在企业管理中看到了像"5W""5W2H""SWOT""PEST""SMART目标""六项思考帽"等一系列基于持续自问的方法论，比如苹果公司在设计其革命性产品时经常运用"5W2H"方法，亚马逊则用"5W"方法深入回答"客户是谁"和"客户需要什么"等问题。

（二）

一旦企业深入理解并回答了"我们是谁"和"我们要做什么"这两个核心问题，就能在战略方向上获得清晰的指导。这意味着企业能够明确自己的强项，了解对哪些真正重要的事情感兴趣，以及确定自己能并愿意长期投入的领域。这些事情虽看似简单，但它们是持续成功的关键。这样的战略，虽然表面看来平凡，实则构成了企业的基础，是广为人知的普遍真理。

对于企业家或操盘手而言，这些问题不仅仅是理论上的思考，也是实际行动的指南。他们的行动和决策，实际上是以"我们是谁"这一身份为基础的。

（三）

企业的两大支柱是营销和创新。在不断追问"我们是谁"和"我们要做什么"的过程中，如何创新和采用何种商业模式进行营销等问题会逐渐明晰。因此，小企业也拥有大战略，并非某种深奥的发现，而是回归到管理学的基本常识，即两个问题（身份和目标）与两大功能（营销、创新）的结合。

以青豆集团为例，我们在创业期间规划第一个重点项目说客英语时，就定下了自己的大战略，分为营销、商业模式、产品和企业文化四个层面。这个大战略可以浓缩为：营销层面的创新思维，目标导向，高效资源利用；商业模式层面的独立战略，资源整合，数字化驱动；产品层面的以客户为中心，细分市场，客户参与价值创造；企业文化层面的高维使命与领先文化，一致性与协同增长，信任与尊敬。

（四）

对于那些创新型初创企业，在市场调查中常因缺乏数据支持而遇到挑战，如特斯拉面对全新的电动车市场、摩拜单车面对全新的共享单车市场、滴滴出行面对全新的手机打车市场、Airbnb 面对全新的共享住宿市场、Spotify 面对全新的音乐流媒体服务市场等。它们的创新产品或服务前所未有，以用户为中心的调查或思考通常不尽有效。在这种情况下，向内反思，探索企业的核心问题和功能显得尤为重要。

（五）

小公司拥有大战略的另一层含义在于，企业创始人和操盘手在创建企业之前，需要确立企业的文化价值观和基因。这些涉及身份和信念的问题，是无法欺骗自己、员工甚至客户的。一个表里不一、虚假宣扬价值观，只追求利益的组织，无法算作真正的企业，而更像是一个没有价值观的"草台班子"。例如，某些药酒公司宣传产品的健康效用，能治疗多种疾病，但实际上是缺乏真材实料的假酒；一些保健品公司通过虚假广告，如使用名人效应误导老年人购买昂贵的保健品，但实际上其产品并未经过科学验证对健康有益；一些牛奶公司宣传其产品有益人们的健康，但其中因添加非法物质而臭名昭著；某些预制菜公司尽管宣传其产品健康便捷，但实际上在生产过程中添加了大量的防腐剂和人工添加剂。这些宣扬虚假价值观和理论的企业，最终会遭到市场和社会的惩罚而不能长久。

（六）

小公司的大战略，实质上是回归到企业的初心和常识，建立企业的使命，确立企业的基因。这正是"小公司大战略"的真谛。大战略如同企业的生命种子，尽管起初看似渺小，却蕴藏着成长为参天大树、雄狮或巨龙的潜力。

三、服务永远基于用户的心智

（一）

1961年，一位对数字和统计充满热情的年轻人艾·里斯（AL Ries，又译阿尔·里斯），在纽约成立了自己的广告公司Ries Cappiello Colwell。凭借着对市场的敏锐洞察，里斯在广告领域创造了巨大的影响。1972年，里斯与杰克·特劳特（Jack Trout）合作，在《广告时代》（Advertising Age）杂志上发表一系列文章，深入探讨了如何在消费者心智中创建一个持久的印象。这些理念最终汇聚成了1981年出版的《定位：占据消费者心智的战役》一书，彻底改变了广告和营销的游戏规则。里斯和特劳特的理论提出，心智是商业竞争的终极战场，要做市场中消费者心智中的"第一"，要建立品牌就必须第一个进入消费者心智，战略聚焦的标志之一是能用一个字眼表达品牌，而这个字眼要推到人们的心智中；视觉具有更强的力量，能够把品牌聚焦的内涵植入人们的心智里；成功的营销不仅仅是关乎产品本身，更多的是关于如何在目标消费者心中形成独特的印象，使品牌或产品在激烈的市场竞争中脱颖而出。一个品牌要成功，关键在于找到并占据消费者心智中的"位置"。这意味着，营销人员需要深入理解消费者的心理和需求，创造与众不同的品牌故事和体验，从而使品牌深植于消费者心中。

（二）

确实，当今世界上许多企业的成功为里斯的理论提供了注脚。例如，苹果公司以其创新的产品设计和独特的品牌形象，成为高端科技的代名词；贵州茅台不仅仅是白酒的代表，它通过强调文化和传统的重要性，在中国人心中积累了厚重的心智认同资本。同样地，拼多多抓住了"便宜"这一心智战场，迎合了中国人心中永远追求物美价廉的心理，改变了传统的在线购物体验；同仁堂作为百年老店，在中国人心中积累了厚重的心智认同资本，其严格的质量控制和传统中药的文化传承塑造了健康和信任的品牌形象；特斯拉不仅仅是制造电动汽车，它还代表着面向未来、勇于创新的精神，成为推动可持续能源的领导者；而迪士尼通过其主题公园、电影和角色，创造了一个梦想和魔法的世界……这些企业通过各自独特的方式在消费者心智中建立了强大的品牌形象，并通过不断地在消费者心中塑造和强化独特的品牌形象，成功地在市场上占据了有利位置，并在消费者心中建立了牢固的信任关系。

（三）

商品和服务永远基于用户的心智，这一观点在当代理论和实践中获得了坚实的支撑。例如，某些企业通过巧妙地设计店内体验，使顾客在购物时感受到独特的舒适和便利。品牌形象和身份理论强调，企业必须在消费者心中塑造出独特的形象和身份。这不仅通过广告和营销实现，更通过产品质量、客户服务和全方位的品牌体验来具体化。比如，有些品牌通过提供定制化服务和互动体验，加强了与消费者的联系。这种理论认为，品牌的每个接触点都是塑造消费者心智中品牌印象的机会，从而在他们的决策过程中形成优势。因此，一个成功的品牌不仅仅是其标志或广告，更是消费者对其总体感知的集合体，这些感知源于品牌所传达的价值观、品质承诺和用户体验。

消费者行为（Consumer Behavior）理论则通过探讨消费者如何做出购买决定，以及情感、文化、社会和个人心理因素如何影响这一过程证实，理解和影响消费者的心智过程对于建立信任和忠诚至关重要。例如，某些企业通过对市场细分的深入分析，发现了特定消费群体的独特需求和偏好，进而推出针对性的营销策略和产品，有效吸引了这一群体的注意，从而在消费者心中建立了深厚的信任和忠诚。这种方法体现了深刻理解消费者心理的重要性，以及这种理解如何直接转化为商业成功。

此外，关系营销（Relationship Marketing）理论强调与消费者建立长期关系的重要性。在这种关系中，信任和个性化服务是关键要素，这需要深入理解消费者的需求和期望。例如，一些企业利用客户数据来提供更加个性化的服务，如根据购买历史推荐产品或提供定制优惠，从而深化与客户的联系。这种方法不仅提升了顾客的满意度，还增强了品牌忠诚度，显示了通过精确的消费者洞察来构建持久关系的重要性。

另外，体验营销（Experiential Marketing）理论提出，消费者更看重购买过程中的体验而非单纯的产品或服务。因此，一些企业通过创新的方式，如在店铺中设置互动装置或提供沉浸式体验活动，来吸引消费者的注意。这些独特、难忘的体验不仅增加了品牌的吸引力，也在消费者心智中留下了深刻的印象。这种策略展示了体验的力量，它能够超越传统的产品和服务，为消费者创造真正的价值和持久的记忆。

（四）

在商业世界中的竞争，根本上是在消费者心智中的竞争。品牌成功的关键在于深入理解并有效影响消费者的心智。这种理解远远超越了商业需求的层面，它触及用户人格成长的更高层次。优秀的企业家不仅仅是满足用户的即时需求，更是作为大众心智的引领者，引导他们朝着更好的方向发展。他们利用人性的优点，而非弱点，创造了一种积极的社会影响，实现了企业与社会的共赢。优秀的企业不仅提供产品和服务，还塑造了整个生活和事业观念。因此，一个企业能否成为世界级的企业，往往在其理念和对心智的理解上已有显著区别。走正道的企业家，虽然道路可能较慢，但其对社会的正面影响和战略方向的正确性，使其能够避免重大波折，并在长远中取得真正的成功。

四、业务战略聚焦是操盘手的自觉

（一）

把经营战略聚焦于核心业务和核心能力，这是青豆集团创业前十年一直在做的事情。我们把有限的资源、营销创新、目标定位、商业模式创新、投产比追求、资源整合、数字化驱动、面向客户的理念、市场划分以及用户参与等都聚焦在核心项目说客英语上，十年磨一剑，抗住了追求迅速扩张的诱惑，打造了优秀的企业级能力复用平台，为后来的异业合作打下了坚实的管理和技术基础。这一切并不是我们有什么先天的超人专注力，而是向世界优秀企业学习的结果。

比如，在史蒂夫·乔布斯1997年重回苹果后，他对产品线进行了大刀阔斧的整顿，将大量产品线削减，专注于少数几款核心产品。杰夫·贝索斯在亚马逊的初创时期，专注于在线书籍销售，这一单一但明确的焦点，帮助亚马逊在电子商务领域稳固了其地位。马克·扎克伯格在

Facebook 初创时期，专注于打造一个高效、吸引人的社交网络平台，他承受了早期将平台商业化的压力，专注于用户增长和用户体验，这最终为公司的长期成功打下了坚实的基础。

当然，还有中国的腾讯，在初期主要以即时通信软件 QQ 为核心；雷军在 2010 年创办小米时，采取了独特的"互联网+硬件"模式，专注于生产性价比高的智能手机；滴滴出行起初专注于打车服务，程维的战略专注使得滴滴在中国快速成为共享出行服务的领导者……这些企业家和公司的例子，促使我和我的团队专注于核心业务和能力，这对于资源有限的初创企业来说至关重要。操盘手的决策不仅决定了企业的初期生存，而且影响其长期发展轨迹。

（二）

其实，许多主流的管理理论都要求企业操盘手重视战略聚焦。比如普拉哈拉德（C.K. Prahalad）和加里·哈默尔（Gary Hamel）在 20 世纪 90 年代提出的核心竞争力（Core Competence）理论，强调了企业应专注于培养和强化其独特的技能，即核心能力，以创造独特价值并在市场竞争中脱颖而出。这方面的案例非常多，苹果公司便是通过不断创新和完善其用户界面和设计美学，形成了独特的核心能力，这不仅使其产品在市场上极具吸引力，而且巩固了其在消费电子市场的领导地位。再如，丰田公司通过其"丰田生产方式 TPS"的精益生产（LP）和持续改善（CIP），建立了强大的生产效率和质量控制的核心能力，使其成为全球汽车行业的佼佼者。这些公司的成功案例证明了聚焦核心能力理论的有效性：专注和强化企业的核心技能或技术，而不是盲目追求扩张或多元化，是在竞争激烈的市场中保持领先地位的关键。

（三）

沃纳菲尔特（Wernerfelt）的资源基础观理论（RBV）着重强调了企业资源和能力在获得竞争优势过程中的重要性，提倡企业应将注意力和资源集中于其核心优势上，以此专注地挖掘和利用这些资源和能力，从而在竞争激烈的市场中取得胜利。通过聚焦于其独有的资源和能力，企业能够更有效地发挥其潜力，创造独特的市场价值。这些资源远远超越了企业所拥有的物质资产，涵盖了技能、组织流程、企业文化、信息和知识等多个方面。资源基础观指出，企业的竞争力来源于稀缺、难以仿效且对组织至关重要的资源。对于初创企业来说，他们的基础资源尤为珍贵而稀缺，因此尤其需要将资源聚焦于核心业务上，避免资源的无效分散和浪费。

（四）

迈克尔·波特（Michael E.Porter）的波特五力模型（Porter Five Forces Model）与由哈佛商学院的管理学者们共同发展的SWOT分析，均在深入剖析企业内外部环境的压力以及优势和劣势方面，凸显了专注于核心业务的重要性。五力模型深入探讨了企业所处行业的竞争环境，包括新进入者的威胁、供应商和买家的议价能力、替代品的威胁以及现有竞争对手之间的竞争关系。而伦德（Learned）提出的SWOT分析则专注于揭示企业的内部优势和劣势，同时辨识外部的机遇和威胁。这两种分析工具共同协助企业更精确地定位自身，推动其专注于自身的优势领域，避免涉足不擅长的领域，从而有效避免资源和精力的分散，确保企业在激烈的市场竞争中保持专注和效率。

（五）

在数字时代的洪流中，企业操盘手每日面临的信息干扰汹涌而来，尤其在战略规划的关键时刻，错误的信息可以致命地干扰CEO的决策。在

CEO 的位置上，最大的敌人往往是信息的误导和那些或善意或私心但却影响判断力的各类声音。因此，操盘手需要培养出一种深刻的自觉能力，能够在经营的每个瞬间坚定不移地抵抗压力、干扰和诱惑，专注实施战略聚焦。这种能力的根基来源于清晰的洞察力、激烈的辩论、争吵，以及深夜的沉思，正如深藏不露的基本功，使操盘手似潜龙于深渊中静静蛰伏，专注而持久。正是这种专注和耐心，使企业能在积累了足够的潜力和资源后，如飞龙在天般迅速崛起，展现其坚定不移的战略智慧。这一过程，不仅是对策略和资源的深思熟虑，更是对操盘手决心和毅力的极致考验。

五、价值观统一和行为依规性

（一）

小米公司在价值观统一和行为依规性方面的实践卓越，企业文化深受其创始人雷军的影响，其核心理念是"为发烧而生"，强调"互联网精神"、效率、开放和创新。公司鼓励员工在工作中寻求创新，对困难和挑战持开放态度，并迅速响应市场变化。

小米还特别重视与用户的互动。雷军常说"小米的产品是由米粉共同打造的"。而小米在内部管理上采取了相对扁平化的管理结构，同时还非常注重员工的个人发展和团队协作。公司提供各种培训和学习机会，帮助员工提升技能，同时也鼓励团队合作和分享。而小米的奖励体系也与其价值观紧密相连。通过对那些展现出创新精神、高效执行和团队合作的员工给予奖励，小米强化了这些行为的重要性，进一步促进了文化价值观的内化和实践。

小米公司通过强调创新、开放、用户参与、扁平化管理和员工发展，成功地创建了一个强大且具有高度统一价值观的企业文化，这在很大程度上支持了其快速成长和市场成功。

（二）

价值观统一和行为依规性，是一种确保组织内部一致性和协调性的重要策略，它要求组织在日常运作中不断强化和实践其核心价值观，以此来引导员工的行为，从而实现组织的整体目标和愿景。

价值观统一强调在组织中建立一套共享的价值观，这些价值观成为指导员工行为和决策的核心。这种统一性不仅仅是理论上的，更重要的是要在日常的实践中得到体现，确保每个员工都能在其工作和行为中反映出这些价值观。

行为依规性不单指遵守规章制度，更深层次的，它涉及员工行为与组织价值观的一致性。这意味着员工的行为不仅要符合外在的规则，更是内化了企业文化和价值观，使之成为自身行为的自然表现。

数字化组织应该尤为重视其内部及合作伙伴间的价值观统一，并通过各种管理策略和实践，如企业文化的培养、自我管理的推动、有效的评价机制和考核体系，以及招聘和培训过程中对价值观的重视，来实现价值观的统一和行为的依规性。这些实践不仅在理论上重要，也在众多成功企业的案例中得到了体现。

（三）

青豆集团非常重视企业文化，其企业文化可以浓缩总结为三个核心要素。一是高维使命与领先文化。青豆集团致力于树立比同行更高层次的使命、愿景和价值观，价值观核心是创新、高效、利他、诚实、正直，实践上强调企业文化全员对齐，力求在企业文化方面领先于行业。二是一致性与协同增长。一企一策，动作统一，良性增长，协同共生。三是信任与尊敬。通过持续的正面行为和高标准的业务实践，青豆集团致力于建立和维持信任，赢得内外部利益相关者的尊敬和赞誉。

除了企业文化的深化与实践之外，青豆集团还通过秉承并推广其独特的"十三条铁律"，在日常运营中有效地强化了企业价值观的统一性和行为规范性。这些铁律不仅成为员工行为的准则，也为企业的稳健发展提供了坚实的基础。随着这些原则的持续应用和实践，青豆集团已经显著提升了其内部管理效率和团队协作能力，取得了显著的正面效果。这些实践成果不仅深化了企业文化，也进一步提升了青豆集团在业界的地位。

（四）

企业文化的重要性远远超出了简单的口号或理念。它是企业成功的基石，贯穿于企业的每一个层面和每一个决策中。一个强大且具有统一价值观的企业文化能够显著提升组织的整体效能，增强员工的归属感和协作精神，同时对外树立企业的良好形象。

最终，价值观和企业文化的力量不仅体现在提高了内部管理效率和团队合作能力，更在于建立了一个可持续发展的企业，赢得员工、客户和社会的广泛尊敬和信任。这是每一个企业在追求长期成功和影响力时不可或缺的关键因素。

六、更好的流程执行，更好的考核机制

（一）

在一个管理上乘的企业里，流程就是其命脉。每一个业务操作、每一个决策，乃至每个人的职责边界，都融入了精心策划的流程之中。企业的操盘手依靠这些流程来维持稳定，使得他们不必四处奔波，扮演"救火队长"的角色。更出色的管理，本质上意味着一个更加完善、合理的流程体系，优异的执行力实则源自高效的流程执行。而更高效的考核，最终也归结为更优化的考核流程。流程覆盖了一切，它甚至涵盖了对所谓"突发事件"的应对措施，比如那些周密的预案。综观世界上任何成功的企业，透过表象深入观察，其核心都是精良的流程设计。相反地，那些管理混乱的公司，其根源无疑是流程的混乱。这也正是华为决心转型为一个流程井然的现代企业的原因。

（二）

1997年，华为面临一个关键时刻。尽管在技术研发上取得了显著成就，但内部运营流程的臃肿和自满已经开始阻碍企业的进步。产品更新不及时，质量问题频出，企业收到的投诉信如雪片般飞来。每月仅处理这些投诉就耗费巨大。任正非意识到，要想突破困境，必须进行一场彻底的变革。

1997年12月，任正非带领高层团队赴美"取经"。他们先后拜访了休

斯公司、惠普、贝尔实验室，最终抵达IBM（美国的国际商业机器公司）。在IBM的成功复兴中，任正非看到了华为未来的可能性——一个被优秀流程极大赋能的企业。很快，任正非决定引入IBM的管理体系即流程的集合到华为。面对IBM高达20亿美元的报价，任正非没有犹豫，一口气全数接受。随着IBM顾问的到来，华为开始了自我革命的过程。从办公环境到工作方式，每一处都发生了翻天覆地的变化，这是一场"削足适履"的流程再造和观念大改造。接下来的几年，华为在任正非的领导下，全面实施了内部流程的优化。特别是引入了IPD（项目开发流程和思想）模式，彻底改变了华为的产品研发流程。面对内部的阻力和抵触，任正非坚定不移："IPD必须落实。不合脚就削足适履，不适应的就下岗，抵触的就撤职。"这一决心和执行力，最终让华为在产品开发周期、稳定性、故障率和交货率等方面取得了显著的进步，客户好感度也随之大幅提升。

经过多年的学习和实践，华为不仅向IBM支付了高达40亿美元的学费，更重要的是，它从这个过程中学会了如何在全球范围内成功运作。到2008年，华为的营收已达183亿美元，与爱立信、诺基亚并列为行业领导者。第二年，它更是以218亿美元的营收跻身《财富》全球500强。

（三）

在数字化时代的企业里，绝大多数流程已经转移到软件中。这种变化远不只是技术层面的升级，它更代表了企业运营模式的一次深刻变革。在这个转型过程中，企业的方方面面，从客户关系管理到供应链优化，从人力资源配置到财务报表的深入分析，再到生产或服务流程的精细化，甚至包括绩效考核体系以及市场营销策略的制定与执行，都被纳入了复杂且精密的数字化流程体系中。这一体系从企业的内部核心蔓延至每一位员工、合作伙伴，甚至最终的用户，通过电脑或手机界面，以及各种其他交互界面，形成了一个巨大的网络。就像一张大网，将所有相关方紧密地联结在一起，确保每个人都在恰当的位置，每个环节都得到软件技术的有力支持。在这个全面数字化的流程网络中，每个利益相关者都被紧密地纳入这一精心构筑的体系内部。这就像无数细胞通过复杂而精密的神经和血管网络聚集在一起，形成了一个共生的集体，一个如同生命体一般高效且有机运作的企业。

（四）

青豆集团和其他国内外的数字化企业一样，热情地迎接并珍视数字化流程，包括平台及其终端。数字化流程具有卓越的可扩展性，它们易于调整、迭代和演进，相较于传统的物理生产流程，这些流程在成本上更为节约，从而为持续的优化和升级提供了更多可能性。正因如此，数字化流程展现出巨大的潜力，使得越来越高效的考核机制能够根据每个企业的独特业务特性不断进化。这些考核机制可能起初非常简单，但随着流程的不断发展，它们变得越来越复杂、完善且切实符合企业需求。因此，服务型企业的运营管理者们应当高度重视数字化流程的开发和应用。

（五）

流程在任何企业的发展和成功中扮演着至关重要的角色。无论是传统的物理流程还是新兴的数字化流程，它们都是企业发展的动脉，为企业带来效率、创新和适应市场变化的能力。在数字化浪潮中，企业不仅需要拥抱技术的进步，更需要深刻理解并精心设计流程的每一个环节。这一过程不仅仅涉及技术的使用，更是对企业文化、运营理念和管理方式的全面革新。

在未来的企业世界中，优秀的流程管理和不断进化的考核机制将成为企业竞争力的关键因素。无论是传统行业的巨头还是新兴的数字化企业，都应将流程优化和数字化转型视为其战略规划的核心内容。随着技术的不断发展和市场的日新月异，流程的优化和创新将成为推动企业持续成长和拓展市场边界的强大动力。

七、操盘手的技术思维和经营艺术

（一）

在这个数字化的时代，企业操盘手面临的最大挑战之一，就是避免陷入单纯的技术主义思维。我们正生活在一个科技日益发达的时代，工程师的角色日益重要。对于企业特别是那些正在数字化转型或已经完成数字化的企业来说，操盘手对技术的理解至关重要。他们或许不需要精通技术，但必须具备基本的技术常识和判断力，能够辨别哪些技术是可行的。例如判断软件的某些功能或设备设计的可行性。显然，对于当代的企业操盘手而言，技术思维是基本素养。

然而，仅有技术思维是不够的。操盘手还须具备艺术思维，拥有独到的格调、审美观念和宏观世界观。技术绝非万能，缺乏文化和艺术视角的操盘手是无法完全胜任的。正如苹果公司凭借其产品的艺术设计赢得市场和消费者的喜爱一样，消费者对产品和服务的需求远不止于技术功能的满足，更注重整个体验过程。因此，操盘手需要融入艺术思维。他们不必成为艺术家，但必须懂得在哪些方面遵循人文、文化和艺术的原则。例如，在社区建设、生态保护、审美追求、心理认知和文化传承等方面。

（二）

在管理层面，艺术的融入显得尤为重要。它不仅体现在细节处理和决策过程中，更体现在与员工、客户和合作伙伴的互动中。管理艺术要求操盘手不仅理解数字和数据，更要理解人心和情感。他们需要掌握的，不仅仅是如何高效运作企业的技术流程，更是如何激发团队的创造力，如何建立与消费者的深层次连接，以及如何在竞争激烈的市场中保持企业的人文关怀和文化特色。

在与客户的互动中，苹果公司展现了如何通过艺术思维建立品牌忠诚度和市场认同。苹果产品的设计不仅仅追求技术性能的卓越，更注重用户体验的艺术性。每一款产品的设计都考虑到了美学、易用性和人性化，从而创造出无与伦比的用户体验。正是这种对艺术和技术的完美融合，使得苹果能够在激烈的市场竞争中脱颖而出，赢得了全球消费者的广泛认可和深厚情感联结。

星巴克公司在企业生态和社区管理上展现了独特的文化和人文性的艺术思维，努力把咖啡连锁企业打造成在家和工作之外的一个舒适的社交"第三空间"。每一家星巴克门店都着力于反映当地的文化特色，企业还积极参与社区活动，通过各种公益项目与当地社区建立深厚的联系。

（三）

数字化企业不仅是建设自身生态社区的主体，同时也是全球众多大型或微小生态系统的一部分，正如我们个人同时是微信、淘宝、抖音、头条、微博等众多数字平台的成员一样。如今的企业已经成为技术与艺术的交会点，操盘手自身也应成为技术和艺术的融合体。他们的艺术思维不仅补充了技术思维，更成为在瞬息万变的商业世界中引领企业走向卓越的重要力量。

作为数字化时代的企业，青豆集团深刻认识到自身在社会大生态中的独特位置和作用。我们不仅是技术提供者，更是文化与艺术的传播者。在这个共生体中，我们的目标不只是打造一个高效的英语学习环境，而是要营造一种让人们能够拓宽视野、感受世界之美的人文氛围。我们努力在技术创新与艺术美感之间找到平衡，创造一个既充满学习机会又富有艺术气息的生态空间。

八、操盘手让企业经营行为连贯起来

（一）

企业的操盘手通过精心设计的组织架构、企业文化、人力资源策略和细致的内部管理流程，确保企业经营活动的连贯性和协调性。

以全球最大的新能源汽车公司比亚迪为例，其近年来经历了显著的扩张，员工数量从 20 万激增至 60 万。这种快速的规模增长对任何企业而言都是一场巨大的挑战，尤其在保持企业文化、效率和市场竞争力方面。然而，比亚迪凭借其独特的管理结构和灵活的组织策略，成功地应对了这些挑战。

在这个过程中，比亚迪的操盘手即王传福及其高层管理团队，发挥了至关重要的作用。他们不仅对企业文化进行了重新定义，将其从温馨的"家文化"转变为更具市场竞争力的"竞争文化"，还通过实施"事业群+事业部"的组织架构，有效地应对了快速增长带来的管理挑战。此外，比亚迪在人力资源管理上也采取了创新策略，比如重视高学历人才的引进、执行严格的绩效管理和打卡制度，以及建立导师制和系统的培训机制，这些措施极大地支持了其快速发展。在内部管理流程方面，比亚迪采取了包括严格的打卡制度、绩效管理、5S检查、部门间的差异化管理、员工违纪监控、员工级别和晋升体系规划，以及多种激励手段如奖励机制、股票回购和员工持股计划等，这些措施与企业的业务和生产流程紧密结合，有效地增强了企业经营的连贯性和整体效能。

（二）

企业的操盘手通常须通过八个关键方面来确保企业经营活动的连贯性，这包括战略规划、组织架构、企业文化、沟通机制、决策流程、人力资源管理、内部管理及操作流程以及技术创新。在工业革命后期的早期层级制企业中，战略规划、企业文化和技术创新的比重可能相对较低。然而，在当代企业中，特别是在迅速发展的数字化企业中，这八个方面都极为关键且同等重要。

这一转变反映了现代商业环境的复杂性和动态性，其中技术创新尤为突出，它不仅推动了业务模式的演变，还影响了企业运营和竞争策略的核心。因此，现代企业领导者必须全面考虑这些要素，以确保企业在激烈的市场竞争中保持连贯性、灵活性和创新力。

第一，清晰的战略规划是总纲。其他七个方面都是为企业战略规划提供服务和支持的。企业必须设定明确的目标和长远愿景，确保所有业务活动均朝着共同的方向前进。

第二，有效的组织架构是骨架。应设计出一种合理的组织结构，以确保各部门、团队和个人能够明确各自的职责并协同工作，从而共同支持企业目标的实现。

第三，强化的企业文化是灵魂。培育和维护一种共享的价值观和行为准则，这不仅增强员工的归属感，还有助于保持团队之间的协作和目标一致性。

第四，高效的沟通机制是神经系统。确保组织内部信息的流畅传递，包括自上而下的下行沟通和自下而上的上行沟通。

第五，灵活的决策流程是大脑。应迅速响应市场的变化和内部需求，确保决策过程既高效又具有适应性。

第六，人力资源管理是肌肉和血液。通过招聘、培训、绩效管理和激励机制，保证有合适的人才来执行和支持企业战略。

第七，内部管理流程是内脏。不断改进和精简内部操作流程，是提高效率和生产力、减少浪费的关键。

第八，积极的技术和创新应用是工具和武器。在数字时代，这一方面尤其重要，能极大地赋能其他七个方面，使战略规划更高效，组织架构更扁平，文化得以更快传播，沟通机制和其他流程上线后变得更灵活而快捷。企业应积极利用先进技术和创新解决方案来优化运营，提升竞争力。

（三）

现代企业的操盘手在确保企业经营活动的连贯性和协调性方面扮演着至关重要的角色。他们通过精心策划的战略、建立合理的组织架构、营造有力的企业文化、实施高效的沟通和决策流程、优化人力资源管理、改善内部管理和操作流程，以及积极推动技术创新，共同构筑了企业成功的基石。

在这个过程中，每个环节都不可或缺，它们相互依存，共同作用。清晰的战略规划为企业提供了明确的方向和目标，而其他七个方面则是实现这一战略的重要支柱。就像是一艘船，战略规划是航向，而其他要素则是构成这艘船的各个部分，包括动力系统、船体结构、船员协同、导航系统等，共同确保船只能够顺利、高效地航行。

在快速变化的商业环境中，这种全面而协调的管理方法尤为重要。企业领导者必须具备前瞻性和适应性，能够在不断变化的市场环境中迅速做出反应，同时确保企业的各个方面都能够协同工作，支持企业的总体目标和愿景。

随着数字化时代的到来，技术创新的角色日益凸显，它不仅为企业提供了新的发展机会，也带来了更多的挑战。在这种情况下，企业的操盘手需要不断学习和适应，将传统的管理智慧与现代技术相结合，引领企业在激烈的竞争中保持领先。

第八章 服务生态组织的战略运营

一、生态服务需要多层次复制力

（一）

青豆集团推出的说客英语服务生态中的 S2B 模式，与淘宝网上的 S2B 模式有着本质的区别。在说客英语中，B 端主要由经销商组成，它们结合了实体与虚拟元素，形成了一种独特的本地化服务加盟店模式。这些加盟店被要求遵循一种复制式的运营模式，即每家店铺都必须维持统一的业务和服务流程、服务标准、企业文化，并提供高效一致的在线"1V1"（"一对一"）英语教学服务。这种复制策略不仅有助于说客英语的迅速扩张，也确保了品牌在全国范围内的一致性。此外，青豆集团在美国、英国、加拿大、澳大利亚和菲律宾等国家建立的海外教师基地，也采用了与国内经销商相同的复制模式，确保全球服务的标准化和一致性。在过去的 10 年里，说客英语在中国的加盟店数量已超过 8000 家，同时，海外基地教师人数也达到了上万名，这些成绩充分证明了青豆集团生态服务中多层次复制策略的成功。

（二）

为了深入理解企业生态的多层次复制精髓，我们可以将其比喻为由多种植物共生而成的森林。在这个生态系统中，关键在于带有完全相同"DNA"的种子的传播与复制。以青豆集团的说客英语为例，其经销商和海外基地的 DNA 源自说客英语的核心部门。通过持续迭代的 S2B 模式，这些 DNA 得到不断优化，并固化在企业文化和中台流程等关键载体中。这些 DNA 通过培训、考核等多种方式从 S 端传递到 B 端，确保每个 B 端都包含与 S 端相同的遗传信息。这样的复制机制不仅保证了新成员间的一致性，同时也是一种高效的繁殖方式，能在短时间内培养出大量的新成员。

（三）

将种子传播的机制与生态服务的复制力类比是恰当的。在世界上最杰出的加盟体系中，这种复制方式普遍存在。其核心区别在于传递的 DNA 是一系列标准化的流程、服务、产品、质量、理念、原材料、运营方式等元素。

以麦当劳为例，其成功的复制模式涵盖了多个方面：首先是对其核心企业理念 QSCV（"质量、服务、清洁、价值"的英文首字母）的严格贯彻执行；其次是产品和服务的高度一致性，在全球任何一家麦当劳分店，客户都能体验到几乎相同的汉堡和服务；再次，麦当劳通过其运营手册和标准提供了一套有效的、可复制的运营模式，帮助连锁店从开业之初就能高效运营，快速实现运营管理的效率提升；最后，麦当劳的规范化运营方案使其能够帮助特许经营店快速复制麦当劳的成功模式，实现品牌的快速扩张。

肯德基复制其加盟店的 DNA 写在其精心编制的一系列标准化手册里。这些手册详尽地覆盖了诸如理想店址的选择标准、日常营运流程、员工培训方案，以及如何传递和维护品牌理念等关键方面。通过这些手册，肯德基确保了其全球各地的门店在提供的服务质量、产品标准，甚至是顾客体验方面的高度一致性。这种标准化复制模式不仅加速了肯德基在国际市场的扩张步伐，还助力其维护了品牌的全球统一性和良好声誉。肯德基通过这些细致而全面的手册,成功地将其标志性的炸鸡食谱和独特的经营哲学传播到全世界,构建了一个强大且紧密相连的全球连锁网络。

(四)

生态服务多层次复制力的实现,关键在于认识到其重要性并遵循特定的原则和方法以确保成功。组织需要确保其复制的 DNA 包括流程、服务、产品和理念是能够清晰定义、易于理解且可执行的。在这个过程中,持续的培训和考核是确保这些标准在各层级得到贯彻的关键。此外,对于不同市场和文化环境的适应性也至关重要,这要求组织在复制过程中保持一定的灵活性和创新能力。需要强调的是,成功的复制不仅是复制现有模式,还要不断迭代和优化,以适应不断变化的市场和环境。通过遵循这些原则和方法,生态服务组织可以培养出强大的多层次复制能力,实现可持续的增长和扩张。

二、百万人社区才是创业生态组织的常态

(一)

2010 年,凯文·西斯特罗姆(Kevin Systrom)和迈克·克里格(Mike Krieger)共同创立了 Instagram 公司。最初命名为 Burbn 的项目,核心功能是基于位置的移动应用分享。然而,由于功能过于繁杂,创始人选择了简化路径,聚焦于照片分享、编辑和社交网络的互动。这个重新设计后的应用,名为 Instagram(意为"即时"与"电报"的结合),于 2010 年 10 月正式上线。

Instagram 一经推出,便迅速获得了极高的人气,用户增长速度令人

震惊。上线仅数小时，它就登顶了苹果应用商店的热门榜单。短短三个月后，用户数便突破 100 万大关，到 2012 年年初，这一数字更是飙升至 3000 万。Instagram 以其简洁的界面、独特的滤镜效果以及便捷的分享和社交功能，吸引了众多用户。

脸书（Facebook）在收购 Instagram 之前，Instagram 主要依赖投资资金维持运营，尚未形成明确的盈利模式。但其在社交媒体领域的巨大影响力和潜在价值是不容忽视的。Instagram 不仅重塑了人们在移动设备上拍摄及分享照片的方式，还对摄影、时尚、旅游等多个行业产生了深远影响。

2012 年，脸书以约 10 亿美元的价格收购了 Instagram。这次收购是脸书扩展其社交媒体版图的关键一步，特别是在移动端和照片分享领域。

（二）

从传统企业的角度看，2012 年的 Instagram 公司似乎不配拥有 10 亿美元的收购价值。当时公司规模微小，员工总数仅 13 人，有形资产不过是些办公设施和计算机硬件，这在传统企业眼中几乎无价值，典型的轻资产公司。

然而，对于像脸书这样的行业巨头而言，Instagram 的价值在于其无形资产，尤其是其社区以及构建社区的能力。

当时，Instagram 的无形资产主要由四部分构成：用户社区、数据、软件和品牌。数据、软件和品牌这三者都是建立在 Instagram 庞大社区的基础之上的。若没有当时的 3000 万活跃用户社区，Instagram 所拥有的价值巨大的数据将无从谈起，其功能强大、界面友好的软件也将失去用武之地。而其极具知名度的品牌，实际上是由社区口碑传播所塑造，而非品牌本身吸引了庞大的社区。

（三）

传统企业通常以员工人数作为衡量组织规模的标准。相比之下，创新型企业更注重社区的规模。Instagram 的例子清晰地展示了这一点。当脸书以 10 亿美元收购 Instagram 时，后者的员工人数不足 20 人，但其社区规模已达数千万。创业生态组织的价值，更多地体现在其能够影响和互动的社区规模上。

创业生态组织的社区规模越大越有价值。从维持正常运营的角度看，其规模至少也要在百万人以上，其首要原因就在于，创业生态型组织，是靠社区驱动的，其成功依赖于社区的参与和支持。这些组织倾向于构建和维护一个活跃、参与度高的社区，以推动业务增长和创新。一个庞大的社区能为企业提供更多的资源、反馈和机会。例如微信，是拥有数亿用户的巨大社区；知乎，其 2023 年月活跃用户量已经超过 1 亿；抖音，作为短视频分享平台，在全球范围内有数亿用户。

生态服务企业在为社区提供服务的同时，也从社区中获取数据。数据的质量和价值极大程度上取决于社区的规模。更大的社区意味着更丰富、更多样化的数据，这对于企业的市场研究、产品开发和策略制定至关重要。例如，脸书作为一个社交媒体巨头，拥有全球数十亿的用户群体，从而能够收集和分析大量的用户行为数据，用以优化其广告定位和内容推荐算法。亚马逊，作为电商平台，利用其庞大的用户基础收集消费者购买行为数据，以改进产品推荐和定制市场策略。网飞公司，凭借其全球用户群体，能够分析观看习惯数据来指导其内容创作和购买决策，从而提升用户体验和保持市场竞争力。

此外，生态型服务企业的无形资产，如品牌声誉、用户忠诚度和市场影响力，与其社区的规模密切相关。一个规模庞大的社区能够有效地传播品牌信息，加强品牌影响力，从而增强企业的无形资产价值。例如，苹果公司在美国和全球范围内拥有庞大的用户群和粉丝社区，这些忠诚的用户不仅推动了苹果产品的销售，还增强了其品牌形象。在中国，阿里巴巴通过其庞大的电商平台用户基础，建立了强大的品牌影响力和市场地位。同样地，字节跳动旗下的今日头条，通过其新闻和内容平台吸引了数亿用户，极大地提升了其在数字媒体领域的品牌知名度和影响力。

（四）

对于创业生态组织而言，社区的规模和活跃度起到了至关重要的作用，庞大的社区可以为企业提供必要的资源、反馈和机会，这直接影响到企业能够获取的数据质量和数量，以及市场研究、产品开发和策略制定，同时也是提升企业无形资产价值的关键，尤其是在品牌声誉、用户忠诚度和市场影响力方面。

可以预见，未来的创新型企业将更加重视社区的建设和维护。他们将以社区思维为基础，创造和培育一个生态性的社区，而不是简单地沿用传统的商业思维。企业将更加专注于与用户的互动和参与，重视用户反馈和社区中的每一个声音。

三、横向和纵向孵化是生态发展的天道

（一）

在操盘青豆集团的10多年中，我们悟出企业发展的道理，那就是在当代生态型企业的发展中，横向的共生孵化结合纵向的多层次复制孵化，构成了服务生态组织符合自然法则的可持续发展模式。这不仅是企业生态增长的自然之选，也是适应环境变化和社会责任的自然天道。

"孵化"这个词强调的是一种自然、有机的发展模式，而不同于传统强制性的商业扩张方式。例如，亚马逊在其初期通过持续优化其核心电商平台，逐渐扩展到云计算和人工智能等领域，而非一开始就进行大规模并购。这种方法强调的是逐步成长和自我完善，与自然界中生物从孵化到成长的过程相似，即更注重长期的健康发展，而非短期的利益最大化。比如星巴克，通过逐步在全球不同地区开设新门店，稳步扩大其市场覆盖，而非通过大规模并购其他咖啡连锁企业。

（二）

什么是横向孵化和纵向孵化？横向孵化指的是企业通过与其他企业或组织形成共生关系来扩张。例如，特斯拉与松下在电池生产领域的合作，就是一种横向孵化的典型案例，双方共同开发和生产电动车用电池，实现了资源共享和技术互补。共生孵化不涉及并购或购买解决方案，而是基于互惠互利的伙伴关系。这种方式可以帮助企业进入新的市场领域，获取新的资源和技能，同时保持自身独立性和特色。比如微软与Linux的合作，虽然两者曾是竞争对手，但通过合作，微软能够更好地将自己的产品和服务整合到Linux系统中。横向孵化体现了企业间合作共赢的原则，与传统的竞争和对抗性扩张模式不同。

纵向孵化指的是企业在自身现有的业务模式、产品或服务方面进行深化和复制。例如麦当劳、肯德基和青豆集团经销商的多层次复制都是很好的例子。再如宜家，它在全球范围内通过复制其独特的零售模式和设计理念，成功扩大了其市场份额，同时保持了品牌的一致性和识别度。纵向孵化这种扩张方式注重于加强企业的核心竞争力，通过优化和标准化流程、复制成功模式来实现规模的扩大。星巴克通过在不同国家复制其咖啡店的运营模式和品牌体验，实现了全球化扩张，同时保持了其独特的品牌文化和客户体验。这种方式更多关注企业内部的成长和完善,而非外部的强制性扩张。

（三）

无论企业规模多大,如果不注意市场趋势、过度扩张或忽视关键的风险管理,都可能导致严重的业务失败。例如,诺基亚在智能手机时代未能适应市场变化,继续使用自家操作系统,导致其在智能手机市场失败。东芝则因21世纪初的过度扩张特别是在核电行业的投资,面临巨额亏损。此外,英国石油（BP）虽未完全失败,但其在全球石油勘探和开采业务的快速扩张未充分考虑安全和环境保护,导致2010年墨西哥湾漏油事件,严重影响了公司的声誉和财务状况。

相比之下,横向和纵向孵化则展现了更符合自然法则和数字化时代需求的发展模式。这种模式强调企业以自然和谐的方式发展,遵循市场和环境变化,实现平和且可持续的扩张。它倡导企业不应仅仅追求短期利益和激进扩张,而应专注于有机增长和适应性发展。这种自然的发展道路不仅减少了风险,还有助于企业长期稳定地成长,从而在激烈的市场竞争中保持持久竞争力。

四、数字系统迭代和降本增效是生态实务

（一）

在数字时代,企业数字化转型已成为构建数字生态体系的核心目标。这一过程,无论是从创业企业的角度,如青豆集团从零开始的冒险,还是传统企业如宝钢集团向数字化转型的探索,都不是一蹴而就的任务。青豆

集团说客英语项目从创业到初步成熟花费了数年的时间，而中国的宝钢集团在其数字化转型过程中，投入了巨大的资源和时间，通过构建智能化工厂和数字化供应链系统，逐渐实现了生产效率的显著提升和成本的有效降低。在国际上，苹果公司也在其数字化转型之旅中经历了持续的挑战。苹果公司通过全面数字化其产品设计和开发流程，不仅提高了产品创新速度，还显著提升了市场响应速度。另一个转型是瑞典的宜家集团，它通过数字化其零售和供应链管理，成功地提高了运营效率并降低了成本。因此，无论是创业型企业还是传统企业的数字化转型，都需要经过一段持久的迭代和创新过程，才能实现企业运营的成本降低和效率提升。

（二）

对于一家企业来说，即使它实现了数字化转型的初步目标，降低了成本并提高了效率，也并不意味着数字化进程的迭代就会停止。这是因为，正如一个生命体不断成长和进化一样，企业的数字化体系也将不断进化，以适应不断变化的商业环境和技术革新。企业的数字化体系犹如一个充满活力的智慧大脑，其迭代与发展的过程将伴随企业一直持续下去，直至企业的终结。

在数字化转型的初期，企业往往会经历一个"黑箱阶段"，这是一次创造性的破坏。企业在从一种组织形态向另一种形态转变的过程中，常常会遭遇一段混乱时期。在此期间，数字化转型不仅不会为组织带来增长，反而可能导致一些损失。这种情况发生的原因有二：一是企业正处于探索阶段，二是企业需要将资源从原有体系转移到新的数字化系统中。

比如，数字化系统的一个显著特点是其能够封装大量企业流程，并容易创造新流程。因此，数字化转型很大程度上伴随着流程的切换和观念的转变。对人类而言，这两种转变都极为困难。尽管流程转变尚可应对，但观念更新往往更加艰难，有时只能通过更换人员来实现。

此外，数字化系统中的流程持续迭代，这对员工而言意味着不断的适应和学习。因此，无论是创业型数字化企业还是传统企业的转型，都需要对这一迭代过程有清晰的认识。这一过程不是短暂的，而是需要多年的时间。例如，青豆集团从一开始就利用数字化平台管理其说客英语项目，但其功能迭代和优化的过程也历经多年才逐渐成熟。在此过程中，所有不完善的部分都需要人工弥补，并作为数字化的机遇加以研究，融入系统中。总的来说，数字化转型是一个长期而艰巨的过程，甚至在短期内可能会带来阵痛。

（三）

构建数字化组织就像是打造一个组织的神经系统。一旦这个系统开始发挥作用，必然会带来降本增效的效果。数字化平台开始为组织创造价值，提供正反馈，使决策更加有依据、精确、节约和可控。实际上，降本增效是数字化转型成功的自然结果。例如，日本的索尼集团，在构建其数字化组织过程中，通过集成和优化其全球供应链系统，显著提高了运营效率，同时降低了运营成本。在美国，微软公司通过构建一个全面数字化的内部运营平台，不仅提高了业务流程的透明度和效率，还使得决策过程更加科学和精准。南非的MTN集团，通过数字化其客户服务和市场营销策略，有效地提升了用户体验，同时降低了运营成本。

（四）

数字化组织的迭代实质上是智能的迭代升级。组织的数字化体系仿佛拥有生物般的智慧，其强大之处在于无限的"智能增强"潜力。在传统企业中，组织和个人的智能增强是不连续、缓慢且波动的。但在数字化企业中，连接到数字网络生态的节点是设备而非人。这些设备作为决策机器，接收和处理信息，其智能虽然隐藏在黑箱中，但却在持续增强。其智能的提升途径多样，如软件安装和更新、硬件更新、接入人工智能、在企业生态中获取更多数据以学习更多知识等。人类通过编程和算法更新，将智能不断移交给数字化体系，这是智能增强的过程，也是数字化时代生态智能的基本特征，是企业提升竞争力的根本策略。

（五）

企业数字化转型不仅是一种技术上的革新，更是一次深刻的商业和文化变革。数字化转型不再是企业的选择题，而是已经成为必答题。正如我们从成功的转型中所见，数字化不仅重塑了企业的运营模式，还极大地增强了企业的竞争能力。转型过程中涉及的技术、策略和文化的融合，为企业开辟了新的增长路径，同时也提出了新的挑战。这是一个持续的过程，它要求企业不断学习、适应并前瞻性地思考。在这个不断变化的数字时代，只有那些能够灵活应对并不断进化的企业，才能在竞争激烈的市场环境中保持领先地位，实现长久的繁荣和成长。

五、生态构建者必须营造生态壁垒

（一）

无论是传统企业还是数字化企业，强调构建竞争壁垒的重要性，都是实现市场优势和长期稳定发展的关键。传统企业特别重视通过多种策略来构建这些壁垒，以保护其市场份额并防御竞争对手的挑战。

对于传统企业来说，其竞争壁垒涵盖了多个方面：规模经济允许企业通过增加生产规模来分摊固定成本，从而降低单件产品的成本；产品差异化则是通过独特的设计、品牌、技术或服务来区分自己与竞争对手，为消费者提供无法轻易被替代的价值；市场准入壁垒包括高昂的初始投资、专业技能要求或严格的法规标准，这些因素可以阻碍新竞争者的进入；垂直整合则涉及控制供应链上下游的关键环节，以增强市场控制力和成本效率；而客户忠诚度是通过提供卓越的客户体验和持续的品牌建设来培养的，它可以确保消费者长期留存并抵制竞争对手的诱惑。

例如，可口可乐公司通过其全球性的品牌影响力和分布广泛的生产设施，实现了规模经济，同时通过其独特的产品配方和营销策略，成功实现了产品差异化。而在零售领域，沃尔玛通过其庞大的分销网络和高效的供应链管理，优化了垂直整合，确保了成本效率和市场领导地位。这些案例清晰地展示了传统企业是如何利用不同类型的竞争壁垒来巩固其市场地位的。

（二）

对于数字化企业来说，除了保持传统企业的竞争壁垒之外，企业生态本身更是一种更难以逾越的竞争壁垒，尤其是对于那些像微信、抖音、推特、脸书这样的平台型企业来说。生态企业构建的生态系统具有天然的共生特性，它们通过提供一个综合性的平台，促进了用户、内容创作者、广告商以及其他商业伙伴之间的相互作用和价值交换。这种生态系统的构建，实际上是在创建一个难以被新进入者复制的复杂网络。这不仅仅是因为它的规模，更因为其内部的复杂互动和深度整合。因此，对于生态企业来说，除传统壁垒之外，其企业生态作为更强大的竞争壁垒还表现在以下五个方面。

一是强大的网络效应。生态企业都拥有强大的网络平台，这些平台因其庞大的用户基础而获益，用户越多，平台对新用户和广告商就越有吸引力。例如，微信不仅是一个通信工具，还集成了社交、支付、购物等多种功能，其庞大的用户群体为其带来了显著的网络效应，使得更多的商家和开发者愿意加入这个平台，从而进一步扩大了它的用户基础和市场影响力。同样地，脸书作为一个全球性的社交媒体平台，通过不断扩展其服务范围（包括消息传递、媒体分享、商务功能等），吸引了数亿用户。这种庞大的用户基础使得脸书成为广告商非常青睐的平台，因为它们可以通过脸书接触到广泛的潜在客户群体。这种网络效应为平台提供了强大的竞争优势。

二是数据积累和分析能力。这类企业通过不断的用户互动和内容分享积累了大量的数据。例如，拼多多作为一个电子商务平台，它通过用户的购物行为、搜索习惯和偏好收集数据，然后利用这些数据来优化产品推荐算法，提高用户的购物体验和购买转化率。另外，抖音通过用户的观看、互动和分享行为收集数据，运用先进的算法来个性化推荐视频内容，增加用户的参与度和停留时间。这些平台的成功在很大程度上得益于它们对用户数据的高效利用，不仅提高了内容和广告的针对性，也极大地提升了用户体验的个性化和有效性。

三是多样化的服务和产品。企业生态通常提供多样化的服务和产品，满足用户的不同需求。例如，微信的游戏服务尤其受用户的欢迎，提供了众多的热门游戏，增加了用户的黏性并为平台创造了额外的收入来源。这种多元化的服务和产品策略，使得这些平台能够满足不同用户群体的需求，同时提升了用户体验和平台的市场竞争力。

四是高成本的替代和转移。对于用户而言，从一个成熟的生态系统转移到另一个平台往往意味着高昂的转移成本，不仅是时间和金钱上的，还包括社交联系和习惯的改变。

五是自我强化的循环。这些平台通常会形成一种自我强化的循环：更多的用户吸引了更多的内容创作者和广告商,这又反过来吸引了更多的用户。抖音就是一个非常典型的例子。随着用户数量的增长,越来越多的内容创作者被吸引到抖音平台,他们创造了多样化和有吸引力的内容,进一步吸引了更多的观众。这增加了用户在平台上的参与度和停留时间,从而吸引了更多的广告商投放广告。广告商的加入为平台带来了收入,进一步加强了平台的资源和能力,使其能够提供更好的服务和更多的创新功能。这种自我强化的循环使得抖音迅速成长为全球最受欢迎的短视频社交平台之一。

(三)

正如《连线》(Wired)杂志创始主编凯文·凯利(Kevin Kelly,常被称为"KK")所指出的那样:"所有的公司都难逃一死,所有的城市都近乎不朽。"这个观点深刻地揭示了企业生态与城市之间的相似性。企业生态更像是不断进化的城市,而不仅仅是一个有限的、封闭的公司。城市之所以能够长久存续,是因为它们是作为生态的开放系统,能够不断适应和变化,而不是像传统公司一样固守既有的边界和结构。为了更好地理解企业生态理念,我参加了国内首档大型直播生态深度观察节目《国货中国》录制,如图6所示。

图6 参加安徽卫视《国货中国》节目时与主持人宇东合影

因此，对于那些致力于构建和维护强大企业生态的组织来说，它们是在建造城市那样的生态壁垒，即营造一个开放、自我进化的生态环境。这样的环境能够推动内部合作、创新、资源共享及知识转移，从而确保企业不仅在当下市场中保持竞争力，而且能够适应未来的变化和挑战。

六、企业生态的归属是成为"黑土地"

（一）

2023年7月7日，华为创始人任正非在深圳一间咖啡厅与南开大学新闻与传播学院院长、科技日报社原总编辑刘亚东进行了一次对话。在这次对话中，刘亚东问及华为在软件开发上的角色及其在产业生态中的作用。对此，任正非提到了华为的云平台，他用"黑土地"这个比喻来描述华为的云平台。他说："云平台之上提供丰富的组件和服务，我们叫'黑土地'，上面再开发就做SaaS了，那就是社会化的东西。我们还是做算力底座平台，人工智能我们也是做算力底座平台。"

在两个月后的2023年9月20日，华为副董事长、轮值董事长、CFO孟晚舟在上海的"华为全联接大会2023"上进一步阐述了"黑土地"的概念。她的演讲围绕"打造中国坚实的算力底座，为世界构建第二选择"展开，并指出，华为致力于构建强大的算力基础设施，这就是所谓的"黑土地"。在这方面，华为不仅提供了硬件的创新，还包括软件的开发和整合能力。这意味着华为的"黑土地"不仅限于云平台，还扩展到了整个算力生态系统，包括数据中心、AI算法和工具，以及云服务等。通过打造这样的算力基础设施，华为旨在支持多样化的 AI 算力需求，满足各行各业的技术需求。这包括提供从中心到边缘、从训练到推理的全系列产品。换句话说，华为的"黑土地"提供了一个全面的平台，支持从基础硬件到高级应用的开发和运行，旨在支持广泛的行业应用和创新，不仅限于单一的技术领域或应用。华为的算力基础设施提供了丰富的资源和工具，使得客户和合作伙伴能够根据自己的特定需求，开发和部署各种 AI 应用，从而在这片"黑土地"上培育出多样化的"作物"。

（二）

在 21 世纪的商业舞台上，企业生态的核心归宿正在逐渐转变成一种"黑土地"的角色。在这个纷繁复杂的时代，无数企业正忙于构建和维护自己独特的生态系统，就像密集的森林一样，这些生态系统汇聚成了庞大的社会生态"黑土地"——所有商业活动的基础和底层支撑。从这个角度观察，我们能够洞察到生态型企业的关键特质：它们不仅为合作伙伴和开发者提供了丰富的创新机会和盈利能力，而且拥抱着万物互联的新时代。这些企业与全球的合作伙伴和开发者携手合作，共同建设了一个联合的、万物互联的"黑土地"生态系统。

这些生态型企业的特征不仅包括开放的合作精神、技术的持续创新、跨界的整合能力，还包括为不同行业提供支持、为开发者和合作伙伴创造价值、重视安全与隐私保护，以及在教育和人才培养方面的投入。这些要素共同构成了 21 世纪最伟大企业的核心竞争力。

正如时任华为常务董事、消费者业务 CEO 的余承东在"华为开发者大会 2021"上所指出的那样："上个世纪，最伟大的企业并非那些仅仅生产产品的公司，而是那些掌握了标准和专利话语权的公司。而在 21 世纪，最伟大的企业则是那些生态型企业。"这类企业通过开放的合作方式、不断的技术创新和跨领域的整合，推动着科技的进步和产业的发展，引领着时代前进的步伐。

（三）

面对这个快速变化的数字时代，所有生态型企业的未来之路都在于不断地适应、创新和合作。为了在竞争激烈的市场中保持领先地位，企业必须拥抱变革，构建一个更加灵活、开放和协同的生态系统。这将不仅仅是技术的变革，更是思维和战略的转变。

生态型企业需要深化技术创新，不断推动技术进步。这意味着投资于研发，探索新的技术领域，如人工智能、云计算、大数据等，以及这些技术的融合应用。通过技术创新，企业能够提供更加智能化、个性化的产品和服务，更好地满足消费者和市场的需求。

生态型企业还应当积极拥抱合作伙伴和开发者社区。开放、合作和共生，是推动生态型企业成功的关键因素。通过与合作伙伴共享资源、技术和知识，企业可以更有效地开发新产品和服务，加快市场推广的速度。同时，企业应该为开发者和合作伙伴提供更多的支持和平台，激发他们的创新潜力，共同推动生态系统的繁荣。

此外，生态型企业还需要注重跨界整合。随着科技的发展，不同行业之间的界限变得越来越模糊。企业应该通过跨界合作，整合不同领域的资源和能力，创造出新的市场机会。这不仅限于技术层面的整合，还包括商业模式、市场策略等方面的融合。

（四）

生态型企业的发展归宿在于成为社会生态的技术底座，即"黑土地"。这一发展方向要求企业不仅仅是产品或服务的提供者，而是成为支撑整个产业生态的基础平台，成为创新和协作的核心，为各行各业的创新和发展提供坚实的基础。这不仅是一种商业上的转型，更是一种对未来商业世界的深刻理解和前瞻性布局。通过构建开放、合作的生态环境，加强技术创新和人才培养，企业将能够在未来的竞争中占据更加有利的位置，成为更好的良性共生者。

七、对于中国在线教育生态的未来展望

（一）

关于中国在线教育以及全球在线教育的未来走向，我提出以下三个基本的展望。

第一，我们正处于互联网时代，这个时代的特征之一就是在线教育的蓬勃发展。这种发展不仅正在改变传统教育，而且将继续推动它朝着数字化转型迈进。数字化不仅是一种技术上的更新，更是教育模式和思维方式的根本性转变。

第二，无论是在校内还是校外，传统以教育者为中心的教学文化正在并将继续逐渐转变为以学习者为中心的文化。在这一转变中，在线教育扮演着至关重要的角色。它通过提供个性化、灵活性强的学习方式，使教育过程更加注重学习者的需求和体验。

第三，终身学习和教育普及将成为社会的主流趋势。随着职业生涯的延长和知识更新的加速，终身学习已经成为适应现代社会的必要条件。在线教育，作为这一趋势的重要支持者，将为不同年龄和背景的学习者提供不断学习和成长的机会。

（二）

随着在线教育的不断发展和普及，传统教育领域正面临一场不可逆转的数字化转型浪潮。这一转型过程，虽可能充满挑战和困难，但正如许多企业在数字化时代所面临的必然选择一样，对于传统教育行业而言，这是适应时代变迁的关键一步。数字化不仅预期将显著提高教育质量，还将大幅降低整个行业的社会成本。通过这一转型，传统学校体系将会经历根本性的变革，甚至一些现有形态将会消失，为更加灵活、适应性更强的教育模式铺平道路。

在这个转型过程中，我们已经见证了一些传统教育机构的积极响应和创新尝试。例如，哈佛大学和麻省理工学院合作创立的"edX"平台，为全球学生提供了高质量的在线课程，这不仅拓宽了他们的教育影响范围，还增加了对于传统课程的补充和替代。同样地，国内的清华大学通过其"学堂在线"平台，提供了各种在线课程，从而在数字化教育方面取得了显著成就。另外，新加坡国立大学（NUS）推出了多种在线课程和远程学习计划，这些计划不仅涵盖大学水平的课程，还包括专业发展和终身学习课程，为学生和专业人士提供了灵活的学习选择。而在中小学教育领域，英国的 Khan Academy Global School（KAGS）也通过提供丰富的在线教学资源和互动工具，使学生可以在家中也能享受到高质量的教育体验。这些资源不仅涵盖了标准的学科知识，还包括了创新的思维训练和问题解决技巧。

无论是大学还是中小学，传统教育机构都在通过数字化手段寻求创新和转型，以适应当今快速变化的教育环境和需求。数字化转型不仅在教育质量和教学方式上进行了创新，还在扩大教育影响力和降低成本方面取得了重要进展。这种转型，虽然艰难，但对于整个教育行业来说，无疑是一次重要的进步和发展。

（三）

随着技术的不断发展，中国乃至全球的在线教育行业将成为这场全社会的教育转型的重要推动力。这种转变将以学习者为中心，具体体现在以下三个方面。

一是技术驱动的个性化学习。通过大数据和人工智能技术，教育将变得更加个性化和定制化。根据每位学生的能力、兴趣和学习进度，提供个性化的教学内容，不仅提高学习效率，还增加学习的吸引力。

二是教育资源的平等化。在线教育打破了地理位置的限制，使得优质教育资源更加平等地分配给所有学生，尤其是偏远地区和资源不足的学生。

三是跨文化交流。在线教育的全球化为学生提供了更多的跨文化交流机会，这对于培养全球视野和跨文化沟通能力极为重要。

（四）

在不断变化的职业环境中，终身学习已成为一种必要。在线教育平台提供了灵活多样的学习途径，使人们能够在整个职业生涯中不断更新和升级自己的技能。预计未来将有以下趋势出现。

一是教育与职业的融合。例如，国际知名的在线学习平台 Coursera（在线教育）开设了专门的职业技能培训课程。这些课程直接针对市场上对 IT 专业人才的需求，提供了包括数据分析、IT 支持和项目管理等领域的实用技能培训。同样地，LinkedIn Learning（领英学习）也通过与各行业领袖合作，推出了一系列与职业发展紧密相关的课程。这些课程覆盖了从软技能到技术技能的各个方面，紧跟市场需求和职业趋势。此外，青豆集团也积极参与教育与职业融合的潮流，推出了如青豆网校、闻兰书院、锦友会、青豆大学堂等多个异业合作项目。这些项目不仅拓展了职业教育的边界，也为终身学习领域提供了丰富多元的学习资源和平台。

二是社交学习的兴起。例如，Duolingo（多邻国）这个语言学习应用，通过其互动性强的社区功能，鼓励用户之间进行语言学习的竞赛和挑战，从而增强了学习的趣味性和互动性。此外，Slack等协作工具被广泛用于远程教育和团队学习中，学生和教师可以通过实时的沟通和协作，共同完成项目和任务。这些案例展示了在线教育如何超越传统的知识传递角色，转变为一个促进社交互动和合作学习的平台，通过社交媒体工具和协作学习平台的应用，显著提高了学习的参与度和动力。

（五）

中国乃至全球在线教育领域正处在一个充满活力和变革的时代。通过其创新性和灵活性，在线教育正为传统教育带来深刻的影响和转型，同时也为学习者提供了前所未有的机遇。

随着技术的进步和教育模式的不断演化，我们可以期待一个更加开放、互联和多元的教育世界。在这个世界里，知识的传递不再受限于地理位置和物理空间，每个人都可以接触到世界级的教育资源。个性化学习将成为常态，教育的平等化也将成为现实，跨文化的交流和合作将更加流行，而学习也不再仅仅是在校学生的责任，将成为一种终身的旅程。

展望未来，我对中国和世界的在线教育怀抱乐观和期待。未来的教育将更加人性化、高效和富有创新精神，为每个人提供成长和实现潜能的无限可能。让我们共同期待这个光明的未来，相信教育的力量能够造就一个更加美好和智慧的世界。

后 记

亲爱的读者，在本书的最后，我想和大家分享一些更加个人化的感想。

从最初决定写作这本书的那一刻起，我就对图书出版持有一种几乎可以称为"神圣"的敬畏。我曾咨询过国内的出版专家，他们告诉我，商业书籍的作者通常分为两种：一种是深思熟虑、善于归纳总结的学者；另一种则是有着丰富实践经验的企业操盘手。看来我更倾向于后者。但在写这本书的过程中，我努力将自己塑造成前者，试图以更深层的思考来丰富这本书的内容。

我选择公开青豆集团的运作秘密，源于我在深圳这座城市中的观察。看到许多像我一样的创业者在错误中付出了昂贵的代价，让我深感不安。我希望通过这本书，能够帮助创业者，让他们能够避免犯同样的错误，更高效地使用自己宝贵的资源。

写这本书的目的，是希望读者能够和我一起深入了解青豆集团背后的运作流程。通过这本书，我希望能够帮助创业者了解如何在他们的服务领域内，有效地分配资源，并一次性把事情做对。

对于那些正在奋斗中的创业者，我怀有深深的敬意。他们是生活和事业中的勇士，但有时缺少适当的工具和方法论。我相信，每个创业者都应该在年轻时就掌握全面的商业系统知识。趁着年轻，拥有旺盛的创新动力，去做一些颠覆性的大事业，这是非常重要的。

在本书的行文中，我的观点或许带有主观色彩，也可能存在不足之处。在此，我诚挚地请求大家予以指正。

最后我想强调的是，尽管商业模式至关重要，但还有很多东西是它无法完成的。激情、憧憬、潜力和勤奋，这些都需要创业者自身去深思和努力。希望每一位读者在阅读这本书后，不仅获得知识和灵感，还能在自己的创业之路上走得更远、更稳。

感谢您的阅读，愿您的创业之路充满光明。

祝好！

吉登高